नटी-विनोदिनी

[नाटक]

नटी विनोदिनी

पिछली सदी के बंगाल की प्रसिद्ध अभिनेत्री विनोदिनी दासी के जीवन पर
आधारित मौलिक बंगला नाट्य रचना

डॉ. चित्तरंजन घोष

रा.ना.वि. रंग मण्डल के लिए हिन्दी अनुवाद विशेष रूप से
रामगोपाल बजाज द्वारा किया गया

वाणी प्रकाशन

वाणी प्रकाशन

4695, 21-ए, दरियागंज, नयी दिल्ली 110 002

शाखा

अशोक राजपथ, पटना 800 004

फ़ोनः +91 11 23273167 फ़ैक्स: +91 11 23275710

www.vaniprakashan.in
vaniprakashan@gmail.com

NATI VINODINI
by Dr. Chittranjan Ghosh
Translated by Dr. Ramgopal Bajaj

ISBN : 81-7055-573-6
Play

प्रथम संस्करण 1998
आवृत्ति संस्करण 2015

मूल्य : ₹ 225

हर्ष प्रिंटर्स, दिल्ली-110 093 में मुद्रित

वाणी प्रकाशन का लोगो मक़बूल फ़िदा हुसेन की कूची से

अनुवादकीय

नटी विनोदिनी के हिन्दी अनुवाद का प्रस्ताव बापी बोस ने दिया कि मैं अनुवाद कर दूँ। मैथिली मेरी अंचल-भाषा है और साधारणतः बोलती बंगला मैं समझ लेता रहा हूँ। बापी नाटक पढ़ते गए और मैं हिन्दी में अनुवाद करता गया। फिर उसमें जो भी सुधार आवश्यक हुआ, किया गया। पद्य और गीत भी लिखे। अतः निर्देशक बापी का आभारी हूँ। इसके साथ ही जिस ओर मेरा ध्यान रहा है वह है—नाटक के विशेष काल की शैली को पकड़ना। अतः हिन्दी में आज का आभास हो और पुरानी हिन्दी के द्वारा कम्पनी नाटकों की शैली का आस्वाद भी मिले। गीतों के अनुवाद और रचना में यह आग्रह रहा है। कोठे पर का गीत और बनारस घाट के पार्श्व गीत में यह अन्तर स्पष्ट है। सूत्रधार एवं गिरीश बाबू के संवाद एवं भक्त प्रह्लाद व चैतन्य वाले नाट्यांश में वाचिक भेद है। ठाकुर परमहंस के छोटे-छोटे वाक्यों का सरल हिन्दी रूपान्तर भी कठिनता से हो पाया। वाक्य एवं संवाद संगठन में पूर्वी हिन्दी का पुट रखा गया है—जैसे ज़्यादा के लिए 'बेसी' या 'जास्ती' आदि शब्द।

अनुवाद के समय नाटक की भाव-वस्तु ने मुझे गहरे छुआ मैं मूल लेखक के प्रति कृतज्ञ हूँ।

—रामगोपाल बजाज

निर्देशकीय

'नटी विनोदिनी' से मैं अभिभूत रहा हूँ। यह प्रस्तुति पिछली शताब्दी की महान अभिनेत्री, देशज रंगमंच का पुष्प, रंगमंच की आत्मा विनोदिनी दासी को मेरी विनम्र श्रद्धांजलि है। यह नाटक अपनी विरासत को खोजने का एक प्रयास भी है। इसके द्वारा भारतीय रंगमंच के विकास के लिए किए गए बलिदान की एक गाथा को भी दर्शकों तक पहुँचाने का प्रयास है कि किस तरह से रंगमंच के लिए कुछ लोगों ने सब कुछ न्यौछावर किया।

मेरे लिए वह भारतीय रंगमंच की पहली शहीद हैं। वे एक महान अभिनेत्री होने के साथ मशहूर गायिका, चित्रकार व कवयित्री थीं। उनकी साहित्यिक कृतियाँ और आत्मकथा (आमार कथा, आमार अभिनेत्री जीवन) बंगाली साहित्य का बहुमूल्य खजाना है। लेकिन इन कृतियों को सम्मान नहीं मिला क्योंकि इन्हें एक गणिका ने लिखा था। विनोदिनी ने बहुत हिम्मत के साथ अपने जीवन को रंगमंच के प्रति समर्पित किया और इस प्रक्रिया में बहुत कुछ सीखा ताकि अपने जन्म के कलंक से छुटकारा पा सकें। नटी कुल साम्राज्ञी अर्थात् अभिनेत्रियों की रानी कहलाये जाने के बावजूद उन्हें आज तक भी वह सम्मान और मान्यता नहीं मिली जिसकी वे हकदार थीं। उनका तवायफ़ होना हमेशा आड़े आता रहा।

इस प्रस्तुति में मैंने इस बात का विश्लेषण करने की कोशिश की है कि विनोदिनी को किस तरह से पुरुष-प्रधान समाज में उत्पीड़न सहना पड़ा। रंगमंच के नाम पर रंगमंच गुरुओं ने उसका शोषण किया। मैं समझता हूँ कि विनोदिनी के साथ जो जघन्य व्यवहार किया गया वह पूरे महिला वर्ग का अपमान था। वह एक ठेठ सामंती बर्ताव था जो आज भी मौजूद है। यही वजह है कि मौजूदा हालात में भी मैं इस नाटक को प्रासंगिक मानता हूँ। अगर द्रौपदी सती कहलाई तो विनोदिनी क्यों नहीं ? दोनों महिलाओं को उपभोग की वस्तु माना गया। जब काम निकल गया तो पुरुषों ने छुटकारा पा लिया।

मैंने न तो इस बात की कोशिश की है कि किसी वाद के चक्कर में पड़ूँ

और न ही इस बात की कोशिश की है कि ऐतिहासिक पात्र और स्थान प्रामाणिक दिखें। इसके बजाय मैंने नाटक की परिकल्पना ऐसे की है कि एक सादगी भरा व्यावहारिक वातावरण पैदा हो जो नाटक के कथ्य को बल दे सके ताकि इस महान अभिनेत्री के जीवन की सच्चाइयाँ प्रभावशाली तरीके से दर्शकों तक पहुँच जाएँ।

राष्ट्रीय नाट्य विद्यालय रंगमंडल के साथ यह मेरी पहली प्रस्तुति है। मैं रा.ना.वि. की निर्देशिका और रंगमंडल के प्रमुख का आभारी हूँ कि उन्होंने मुझे निर्देशन का यह अवसर दिया।

मैं अपने दो गुरुओं प्रो. रामगोपाल बजाज और रंजीत कपूर के लिए आंतरिक श्रद्धा व्यक्त करना चाहूँगा जिनसे मैंने बहुत कुछ सीखा है। मैं रंगमंडल के सारे सदस्यों का भी आभारी हूँ और धन्यवाद देता हूँ।

–बापी बोस

नटी विनोदिनी के इस हिन्दी रूप का पहला प्रदर्शन 24 सितम्बर 1993 को राष्ट्रीय नाट्य विद्यालय रंगमंडल, नई दिल्ली द्वारा कमानी सभागार में हुआ था। जिसमें भाग लेनेवाले कलाकारों की सूची निम्न प्रकार है :

मंच पर

सूत्रधार : सपना मुद्‌गल
गिरीश घोष : एहसान ख़ान
विनोदिनी : सीमा बोस/अलका बडोला
माँ : नीलिमा शर्मा
'अ'-बाबू : रोहिताश्व गौड़
प्रतापचंद : सतीश गौतम
अमृत मित्र : अमितरंजन बैनर्जी
अमृत बसु : विवेक मिश्र
दासु नियोगी : चित्तरंजन गिरि
हरि बाबू : राजेश शर्मा
सातू : महेन्द्र शर्मा
गुरुमुख रॉय : रवि कौशल
रांगा बाबू : अभिजित लाहिड़ी
रामकृष्ण देव : अखिलेश खन्ना
हरिण्यकश्यपु : अमित बैनर्जी
नरसिंह अवतार : रवि कौशल
प्रह्लाद : नीलिमा शर्मा
अन्य : ए.सी.गांधी, ओमप्रकाश सागर, सी. डी. तिवारी, टीकाराम भट्ट, सीताराम यादव, रामधीरज, तेजपाल, दिनेश उपाध्याय
नृत्य मंडली : नीलिमा शर्मा, मंदाकिनी गोस्वामी, अलका बडोला, वर्षा अग्निहोत्री, प्रेमलता, सतीश गौतम, रोहिताश्व गौड़, रवि कौशल, मोती लाल खरे, महेन्द्र शर्मा

मंच पार्श्व

मंच व्यवस्थापक	: यशवंत निकोसे
मंच परिकल्पना	: बापी बोस
मंच नियोजन	: सतीश गौतम, रवि कौशल, चित्तरंजन गिरि
मंच निर्माण	: अब्दुल हकीम
सहयोग	: बचन सिंह, संतराम
संगीत परिकल्पना	: काजल घोष
संगीत व ध्वनि नियोजन	: एस. एन. दासगुप्ता
सहायक	: टीकाराम भट्ट, मुकेश कुमार
प्रकाश परिकल्पना	: बापी बोस
प्रकाश संचालन	: राघव प्रकाश
सहायक	: रमेश अथवाल, सुलेमान
वेशभूषा परिकल्पना	: शम्पा घोष
सहयोग	: गुरुशरण कौर
वेशभूषा प्रभारी	: अमित बैनर्जी, भरतसिंह नेगी, प्रेमलता
वस्त्रनिर्माण	: चरणजीत सिंह भाटिया
मंच सामग्री	: मोतीलाल खरे
सहयोग	: रोहिताश्व गौड़, विवेक मिश्र, मंदाकिनी गोस्वामी
रूप सज्जा	: नीलिमा शर्मा, विवेक मिश्र, मंदाकिनी गोस्वामी
स्मारिका परिकल्पना	: पार्थिव शाह
स्मारिका सामग्री	: नीलिमा शर्मा, वर्षा अग्निहोत्री
पोस्टर	: गोपी गजवानी
विज्ञापन एवं प्रकाशन	: ए.सी.गाँधी, सी.डी.तिवारी
प्रदर्शनी	: पृथ्वी सिंह नेगी
छायाचित्र	: त्यागराजन, लक्ष्मण
वाद्यवृन्द	: ओमप्रकाश, राजेन्द्र प्रसन्ना, राकेश प्रसन्ना, बलराम शर्मा, गौरांग चौधरी, गुलाम साबरी, अरविन्दर सिंह
पार्श्व गायन	: धीरा घोष, मंगतराम, सपना मुद्गल
सहायक निर्देशक	: नीलिमा शर्मा, अभिजित लाहिड़ी
निर्देशक	: बापी बोस

हम आवेरी चौरे एवं सभी सहकर्मियों के आभारी हैं। जिन्होंने हमें भरपूर सहयोग दिया।

नटी-विनोदिनी

अंक एक

[नाटकघर में अँधेरा होते ही पिछली सदी के थियेटर का वाद्य-संगीत उभरता है। पर्दा उठता है। सूत्रधार मंच के बीचों-बीच। मंच के पीछे अँधेरा।]

सूत्रधार : अभिनेत्री विनोदिनी का जीवन मेरे ही क्या आप सबके मन में भी तरह-तरह के प्रश्न उगाता है। एक प्रश्न है, इतनी नामवरी मिलने के बावजूद केवल चौबीस साल की उम्र में उसने थियेटर छोड़ दिया। क्यों ?...एक और सवाल... लेकिन नहीं...सारे सवालों के उत्तर नहीं मिलते। हाँ...विनोदिनी होती तो शायद सारे सवालों का जवाब देती। गिरीश घोष मिल जाते...

[पीछे आलोक वृत्त में धीरे-धीरे गिरीश घोष उभरते हैं]

तो उनसे पूछता।

[गिरीश आगे आता है]

गिरीश : क्या पूछते ?

सूत्रधार : कौन ! गिरीश बाबू !

गिरीश : तुम नाटक के सूत्रधार हो, तुम्हारे बुलावे पर आना ही पड़ता है !...क्या पूछ रहे थे ? पूछो !

सूत्रधार : विनोदिनी ने थियेटर में बहुत नाम कमाया था ?

गिरीश : हाँ बहुत ! वो ज़माना तो उसी का था। अखबार वाले उसे अभिनेत्री कुल की राजरानी कहा करते थे। नाट्य-साम्राज्ञी।

सूत्रधार : विनोदिनी का थियेटर से बहुत लगाव था ?

गिरीश : हाँ···बहुत गहरा लगाव था !

सूत्रधार : फिर केवल चौबीस साल की उम्र में उसने थियेटर छोड़ भी दिया। क्यों ?

गिरीश : थियेटर से भी एक और गहरा लगाव उसके जीवन में आया था।

सूत्रधार : आपका इशारा राँगा बाबूवाले प्रसंग से है ?

गिरीश : हाँ···वही। इसके अलावा, हो सकता है उसके मन में सन्तान की इच्छा रही हो···एक जायज़ सन्तान की।

सूत्रधार : बस···इतना ही ?

गिरीश : हूँ···अं···मतलब यानी···एक तरह से हाँ (परेशान)···तुम्हारा वो दूसरा सवाल क्या था ?

सूत्रधार : थियेटर छोड़कर विनोदिनी को···सुख मिला ?

गिरीश : मिला !···शायद राँगा बाबू ने सब कुछ पूरा कर दिया।

सूत्रधार : लेकिन···मुन्नी ?···थियेटर छोड़ने के बाद जिस बच्ची ने विनोदिनी की कोख भरी थी वो ?

गिरीश : ऐसा है कि···हाँ, मुन्नी को किसी स्कूल में दाखिला तो नहीं मिला।

सूत्रधार : क्योंकि वो···एक गणिका की बेटी थी ? वेश्या-पुत्री।

गिरीश : हाँ यही···लेकिन मैंने तो भरसक जतन किए ही थे।

सूत्रधार : सभी स्कूलों के दरवाजे बन्द थे। मुन्नी के लिए।···इसी दुख की मारी मुन्नी एक दिन ये धरती ही छोड़ गई। केवल तेरह साल की उम्र में···कहिए फिर कौन सा सुख ?

गिरीश : जो भी हो···राँगा बाबू का भरपूर प्यार तो फिर भी उसे मिला था।

सूत्रधार : लेकिन फिर भी क्या समाज ने उसे स्वीकार किया?

गिरीश : नहीं, लेकिन राँगा बाबू ने उसे पत्नी का पूरा दर्ज़ा दिया था।

सूत्रधार : हाँ···लेकिन राँगा बाबू के घरवालों ने इस ब्याह को स्वीकारा नहीं !

गिरीश : नहीं स्वीकारा। राँगा बाबू के गुजरने के बाद लांछन ही दिए थे। राँगा बाबू के बेटे खोखा बाबू ने उसे बाप की रखैल से ज़्यादा कुछ नहीं समझा। उसके अपशब्द और गालियों से विनोदिनी तड़प उठी। उसे शाप देने का मन हुआ लेकिन खोखा बाबू के चेहरे में राँगा बाबू की छवि उतर आई ! विनोदिनी का क्रोध सहसा पिघल गया। खीझ के मारे विनोदिनी की आँखें भर आईं। इतना ही कह पाई "खोखा बाबू···तुम्हारा भला हो···गोपाल तुम्हारा भला करें।"

सूत्रधार : लेकिन समाज की ओर से और कुछ भी तो मिलना था, विनोदिनी को···।

गिरीश : हाँ, यहाँ मैं तुमसे सहमत हूँ।

सूत्रधार : शुरू में सहमत नहीं थे। उसको थियेटर से और कुछ भी तो मिलना बाकी था ?

गिरीश : वो उसे नहीं मिला···उसकी पूरी जिम्मेदारी क्या मेरी ही है ?

सूत्रधार : नहीं-नहीं···पूरी नहीं···लेकिन क्या रत्ती-भर भी नहीं ?

गिरीश : भरोसा करो···मैंने जो भी किया, थियेटर के हित में किया, अपने हित में नहीं।

सूत्रधार : फिर भी सवाल तो रहता ही है कि किसी भी हित में एक औरत का किस हद तक इस्तेमाल किया जा सकता है।

गिरीश : स्त्री का यानी, गणिका का···।

सूत्रधार : **(हँस उठता है)** आपने भी विनोदिनी को गणिका के अलावा कुछ नहीं समझा।

गिरीश : ज़रा उस ज़माने की भी सोचो !

सूत्रधार : मैं समझता था आप अपने ज़माने से आगे होंगे···खैर, एक सवाल और, विनोदिनी ने अपनी जीवनी लिखी थी, 'आमार

कोथा' उसकी भूमिका आपको लिखने के लिए कहा था।

गिरीश : हाँ, मैंने लिख दी थी।

सूत्रधार : लेकिन विनोदिनी संतुष्ट नहीं हुई।

गिरीश : वो तो नहीं हुई।

सूत्रधार : विनोदिनी को शिकायत थी कि आप बहुत-सी सच्ची घटनाएँ टाल गए थे।

गिरीश : सच्चाई कड़वी हो तो टालना ही बेहतर होता है।

सूत्रधार : इससे सच्चाई की शक्ल तो बिगड़ती ही है। तभी विनोदिनी ने आपसे फिर नई भूमिका लिखने का अनुरोध किया था। उसने कहा था 'आपकी इस भूमिका के बिना उसकी जीवनी अधूरी रह जाएगी।'

गिरीश : मैं लिख देता···मैंने वचन दिया था। लेकिन महाकाल ने बीच में ही मुझे उठा लिया।

सूत्रधार : उस अधूरे को पूरा करने की ज़िम्मेदारी है न आपकी ?

गिरीश : आज उसे पूरा करना कैसे संभव है ?

सूत्रधार : क्यों, हम दोनों उसके जीवन की सारी घटनाओं को आज के इन दर्शकों के सामने पेश कर सकते हैं। अंतिम फैसले की ज़िम्मेदारी इनकी।

गिरीश : ठीक···अच्छी बात है···शुरू करते हैं।

सूत्रधार : **(दर्शकों से)** विनोदिनी का जन्म ही घटिया था। उसकी माँ गणिका थी। माँ की माँ भी गणिका थी। मकान···खपरैल की कोठरियाँ ही कोठरियाँ···। इन्हीं कोठरियों में से एक में रहती थी, 'गंगाबाई'। गंगाबाई के पास थियेटर के एक दो लोगों का आना-जाना था। इन्हीं की मार्फत विनोदिनी पहले-पहल थियेटर में गई। तब वह बिल्कुल बालिका ही थी।

गिरीश : तुम्हें थियेटर का कुछ पता नहीं है, सूत्रधार। यहाँ से शुरू करोगे तो ये नाटक बीतते न बीतते, पूरी रात बीत जाएगी।

सूत्रधार : हाँ, यह तो ठीक है···अच्छा विनोदिनी से आपकी पहली

भेंट कहाँ हुई ?

गिरीश : विनोद शुरू-शुरू में बैंगोल थियेटर में काम करती थी। वहाँ उसने माईकेल मधुसूदन दत्त और बंकिमचंद्र के नाटकों में काम करके बहुत नाम कमाया था। उसके बाद वहाँ से वो हमारे नेशनल थियेटर में आई थी। मैं उसे तभी से जानता हूँ।

सूत्रधार : बैंगोल थियेटर छोड़कर वो आपके यहाँ क्यूँ आई ? पैसे के लिए ?

गिरीश : नहीं-नहीं। बैंगोल थियेटर में उसे पच्चीस रुपए मिलते थे। हमारे केदार बाबू ने उसे रुपया-दो-रुपया ज़्यादा दे भी दिया होगा। लेकिन वो कोई बात नहीं। उसकी बहुत इच्छा थी कि वो कभी मेरे साथ काम करे, सीखे।

सूत्रधार : थियेटर का हाल क्या था तब ?

गिरीश : घाटे में चल रहा था। हमारे मालिक लंका बाबू दिवालिए हो गए···ये बात थियेटर में सब लोगों को बताई थी···विनोदिनी को भी बताई थी।

[एक दूसरे आलोक वृत्त में विनोदिनी प्रकट होती है, सूत्रधार रोशनी से बाहर जाता है]

गिरीश : विनोद ! सुना तुमने ! लंका बाबू का दिवाला निकल गया, थियेटर नीलाम होनेवाला है।

विनोदिनी : तो अब क्या होगा ?

गिरीश : आफत है, बैंगोल थियेटर में कैसे ही दो रोटी चलती थी तुम्हारी। अब तो बेरोज़गार हो जाओगी, लेकिन नहीं, तुम्हें खाने-पीने की कमी क्यों होगी, तुम्हारे अ-बाबू जो हैं।

विनोदिनी : वैसे आपकी भी तो नौकरी है।

गिरीश : नौकरी मेरी आजीविका है तो थियेटर मेरी ज़िंदगी।

विनोदिनी : आप ही, ये थियेटर ले लीजिए न।

गिरीश : नहीं, ये संभव नहीं।

विनोदिनी : पैसों का सवाल है ?

गिरीश : (हँसकर) अगर ऐसा ही हो तो? क्या पैसे तुम दोगी?

विनोदिनी : मेरे पास इतने पैसे कहाँ?

गिरीश : मेरे पास भी नहीं।

विनोदिनी : उधार नहीं ले सकते? बाद में थियेटर कर के हम चुका देंगे।

गिरीश : इतना जोख़िम उठाना कठिन है। इस तरह के उधार पर ब्याज की धार, वैसे भी बहुत तेज़ होती है।

विनोदिनी : इसका मतलब है थियेटर हाथ से निकल ही जाएगा।

गिरीश : लगता ऐसा ही है। कोई व्यापारी इसे खरीदेगा और गोदाम बना डालेगा।

विनोदिनी : कुछ न कुछ करना ही होगा।

गिरीश : मेरी अपनी मुश्किल जब तक ठीक नहीं होती, मेरे लिए कुछ भी करना कैसे संभव है?

विनोदिनी : आपकी मुश्किल? आपकी क्या मुश्किल है?

गिरीश : मैं पूरा-पूरी थियेटर ही कर रहा होता तो ये जोख़िम लेना फिर भी संभव था। लेकिन ऐसा नहीं है। मन से पड़ा होता हूँ थियेटर में जबकि असल में सारा दिन दफ़्तर में कलम घिस रहा होता हूँ। न यही सधता है, न वही सधता है। दो नावों में पाँव। कब तक चल सकता है। दिन, दो-दिन, चार-दिन। सदा तो नहीं। कई बार सोचता हूँ, नौकरी छोड़ दूँ। पूरी तरह थियेटर में लग जाऊँ। लेकिन थियेटर की हालत जानती ही हो। दो-दो मालिक···ना। चल ही नहीं सकता। **(हँसकर)** तुम्हारे भी तो दो मालिक हैं एक ये थियेटर और दूसरा तुम्हारा वो जिसे हम लोग कहते हैं औकार···माने अ-बाबू।

लेकिन तुम्हारे लिए इतना तो है कि तुम्हारा अ-बाबू अच्छा है।

[रोशनी बुझती है, फिर से रोशनी आने पर अ-बाबू मसनद से टेक लगाए विरक्त भाव से आड़े बैठे हैं।

नेपथ्य में आवाज़ें–'बेले के फूल कुल्फी ले लो, कुल्फी।' एकाएक लोगों के झगड़ने की आवाज़ें–पीछे से एक पुरुष स्वर]

पुरुष स्वर : 'हरामजादी, पैसे मेरे लूटोगी, मजे मारोगी किसी और के संग।'

नारी स्वर : अंहहऽऽऽ दाना देवे में खुसुर-फुसुर, मार करे में बड़े मंहत।

पुरुष स्वर : 'रण्डी जनेगी रण्डी। मार जूती मुँह तोड़ दूँगा।'

[पीटने की आवाज़ें, स्त्री-कंठ की चीखों-पुकार। बहुत से लोगों की चिल्ल-पों। गाली-गलौज का मिला-जुला स्वर। धीरे-धीरे ये शोर मंद होता हुआ गायब हो जाता है। एक नशेड़ी का कंठ स्वर गाने की स्फुट कड़ियाँ, जिसे दबाते हुए एक घोड़ा-गाड़ी का स्वर। घोड़े की टापें और घंटी की आवाज़। अ-बाबू में थोड़ी-सी आशा जगती है। लेकिन घोड़ा-गाड़ी की आवाज़ धीरे-धीरे दूर हो जाती है। फिर से नशेड़ी के गाने की आवाज़। विनोदिनी की माँ थाल में पान आदि सजाकर अ-बाबू के सामने रखती है।]

माँ : जरा शर्बत ले लीजिए।

अ-बाबू : ना।

माँ : बिनी अभी आई जाती है।

अ-बाबू : हूँ। **(अनमने भाव से मुँह में पान की गिलौरी डालता है)**

माँ : और दिन तो अब तक आ ही जाती थी।

अ-बाबू : हूँ···। **(मुँह में ज़र्दा उठाकर डालता है)**

[बाहर से घोड़ा-गाड़ी की ध्वनि। घोड़े की टापें। घोड़ा-गाड़ी की घंटी दो बार क्लैंग-क्लैंग करके बजती है।]

माँ : लो, आ गई! (जाती है)

[विनोदिनी का प्रवेश]

विनोदिनी : कब के आए हैं?

अ-बाबू : आहहऽऽऽऽ...

विनोदिनी : ये इतना मुँह क्यों बिगाड़ रखा है?

अ-बाबू : देखो मेरी म्याऊँ, तुम्हें ये थेटर-फेटर छोड़ना होगा।

विनोदिनी : क्या? सो क्यों?

अ-बाबू : बस! मेरी मर्ज़ी! यों।

विनोदिनी : और मेरी मर्ज़ी?

अ-बाबू : नहीं! तुम्हारी मर्ज़ी नहीं चलेगी।

विनोदिनी : हुकुमवाले सुर में बात मत करो बाबू।

अ-बाबू : तो क्या गुलामी के सुर में बात करूँ? पैसे भी लगाऊँ मैं, और...

विनोदिनी : **(बीच में काटती है)** पैसे की बात मत करो बाबू, पैसों से तुमने मुझे खरीद नहीं लिया है। ये तुम अच्छी तरह जानते हो, पैसों से जो खरीदी जाती है, मैं उन लड़कियों में से नहीं हूँ। उनमें से होती तो...

अ-बाबू : ...तो तुम और भी ज़्यादा पैसेवालों के पास चली जाती यही ना! अब तो कितने बाबू तुम्हारी पूजा को तैयार हैं, कितने दलाल अंजुलि में चढ़ावा लिए खड़े रहते हैं।

विनोदिनी : बस...! चुप भी करोगे।

अ-बाबू : हाँ। मैं चुप रहूँ और तुम बोलती रहोगी, यही ना!

विनोदिनी : पैसों की बात किसने उठाई?

अ-बाबू : मैंने उठाई। तो क्या हुआ?

विनोदिनी : मैं क्या तुम्हारे साथ पैसों के लिए होती हूँ?

अ-बाबू : मैं नहीं जानता।

विनोदिनी : नहीं। जानना ही होगा, बोलो।

अ-बाबू : हूँऽऽऽऽ। **(एक और पान मुँह में डालता है)** बैठे-बैठे घुटनों को काठ मार गया।

विनोदिनी : सोचो! रिहर्सल न करूँ, तैयारी न करूँ, सजधज कर तेल-फुलेल लगाकर स्टेज के बीच खड़ी हो जाऊँ सीधी फिर

क्या होगा? सोचो!

अ-बाबू : **(पहले की अपेक्षा मन हल्का हो रहा है)** स्टेज पर खड़ी ही मत हो, यही तो कह रहा हूँ।

विनोदिनी : हाय दय्या! क्या गुस्सा है? मर गई मैं तो। वैसे आज थियेटर में कितनी बड़ाई कर रहे थे तुम्हारी।

अ-बाबू : बड़ाई! अच्छा! क्या? कौन बोल रहे थे?

विनोदिनी : गिरीश बाबू और कौन?

अ-बाबू : अच्छा गिरीश बाबू! गिरीश बाबू के साथ बात हो रही थी तुम्हारी?

विनोदिनी : हाँ-हाँ। गिरीश बाबू के साथ ही तो इतनी देर···रिहर्सल कर रही थी।

अ-बाबू : गिरीश बाबू मेरे मित्र होते थे अब जाने कैसा बैर साध रहे हैं। अरे इतना तो सोचना चाहिए···मैं कोई ब्रह्मचारी थोड़े ही हूँ।

विनोदिनी : **(लम्बी साँस खींचने का छल करती हुई)** आहाहाहा ब्रह्मचारी नहीं और क्या हैं? ब्याह तो करते नहीं।

अ-बाबू : कितनी बार कह चुका हूँ तुमसे, ब्याह मुझे कभी नहीं करना।

विनोदिनी : च-च-च···भगवान न करे! ऐसा नहीं बोलते। आपके लिए तो कोई जगत् सुन्दरी, चिरकुमारी का, चंदन-कुमकुम सज्जित, मलमल का घूँघट, मयूर पंख की कलगी,···

अ-बाबू : **(चिढ़कर)** अऽऽह!

विनोदिनी : हें। गुस्सा क्यूँ इतना? मैं क्या तुम्हारे पास होती नहीं हूँ? ये लो, मैं बिल्कुल ही तुम्हारे पास हूँ। पूरी की पूरी।

अ-बाबू : म्याऊँ, मैं जो तेरे पास आता हूँ, सो क्या बस एक मुट्ठी दाने को?

विनोदिनी : और? गुण्डा की तरह एक ही बार में लूट लोगे सब?

अ-बाबू : हाँ! बिल्कुल **(ख़ामोशी)** म्याऊँ, ये थेटर के साथ तुम्हारा गठबंधन···ये ···ये क्या है?

विनोदिनी : ये तुम नहीं समझोगे अ-बाबू ! ये तुम कैसे समझोगे ?

अ-बाबू : अच्छा, थेटर छोड़ना इतना ही असम्भव है तो मेरी एक बात मान लो।

विनोदिनी : क्या ?

अ-बाबू : तुम शौकिया थेटर करो। आमेचर ! पैसा-वैसा मत लो ! मेरी बग्गी में बैठ के जाना, मेरी बग्गी में बैठ के आना। मैं सतुआ को आज ही बोलता हूँ। कल ही तुम्हें नई टंच बग्गी लाकर देगा।

विनोदिनी : क्यों ? दो पैसे धरम से कमाती हूँ, ये तुम्हें अच्छा नहीं लगता ?

अ-बाबू : उन पैसों की ज़रूरत ही क्या है तुम्हें ?

विनोदिनी : मन को बहुत शान्ति मिलती है। मनुष्य के नाते मेरा मोल क्या है कम से कम ये तो जान पाती हूँ।

अ-बाबू : मनुष्य के नाते तुम्हारा मोल बस वही चन्द पैसे हैं ?

विनोदिनी : मनुष्य के नाते वही मोल है। हाँ रखैल होने से ज़रूर दाम और हो जाते हैं।

अ-बाबू : म्याऊँ ! पैसों की कोई तंगी होने दी तुम्हें ?

विनोदिनी : नहीं ! सो तो नहीं होने दी।

अ-बाबू : लोग क्या सोचेंगे ?···सोचो।

विनोदिनी : क्या सोचेंगे ?

अ-बाबू : सोचेंगे मैं शौक रखता हूँ, लेकिन गाँठ ढीली नहीं करना चाहता। तुम बाहर काम करती हो इससे मेरा···

विनोदिनी : तुम्हारी नाक नीची होती है ?

अ-बाबू : बिल्कुल होती है।

विनोदिनी : तो फिर अब इन सब बातों की कोई ज़रूरत ही नहीं रही।

अ-बाबू : सो कैसे ?

विनोदिनी : हमारे थियेटर की नीलामी होनेवाली है।

अ-बाबू : जय माँ काली ! जवान पाठे चढ़ाऊँगा जोड़ी की जोड़ी।

[प्रकाश बुझता है, अँधेरे में नीलामी की घंटी सुनाई देती है, अंधकार में ही बोली भी सुनाई देती है।]

घोषणा : 'नेशनल थियेटर, नेशनल थियेटर···प्रतापचाँद जौहरी की बोली अब तक सबसे ऊँची है। बोलिए, कोई इससे ऊपर बोलिए। कोई है, कोई है, कोई है, एक···दो···ढाई···पौने तीन···तीन···प्रतापचाँद जौहरी।'

[घोषणा समाप्त। आलोक वृत्त में प्रतापचाँद जौहरी दो कदम आगे, सामने गिरीश घोष]

प्रतापचाँद : गिरीश बाबू! बोली लगाकर थेटर तो ले लिया, लेकिन हमारे थेटर की भी बोली न लग जाए, इसका ध्यान तो आपको ही रखना होगा।

गिरीश : हाँ-हाँ, बिल्कुल···बिल्कुल। इसमें तो हम सभी का भला है।

प्रतापचाँद : आपसे एक और दरख़्वास्त है।

गिरीश : हुकुम।

प्रतापचाँद : आप ये फिरंग साहेब की नौकरी छोड़ ही दीजिए, अपना समय थेटर में लगाइए पूरा-पूरी।

गिरीश : लेकिन···

प्रतापचाँद : मैं महीना बाँध दूँगा। आपका नुकसान नहीं होगा।

गिरीश : ज़रा सोचता हूँ।

प्रतापचाँद : ज़रा जल्दी सोचिएगा।

गिरीश : हाँ, हाँ ज़रूर।

[प्रतापचाँद का प्रस्थान, गिरीश चिंता में डूब जाता है। विनोदिनी का प्रवेश]

गिरीश : आओ विनोद, आओ। थियेटर बच गया। सो खूब जोर-शोर से लग जाओ।

विनोदिनी : एकदम लग जाऊँगी, लेकिन आप मुझे सिखाएँगे न? शायद मुझे सब समझ नहीं आता ठीक से। मेरे काम में क्या कुछ कमी है?

गिरीश : नहीं···कमी तो नहीं···फिर भी तुम थियेटर के बाहर बैठी

हो। भीतर घुसना होगा भीतर।

विनोदिनी : सो कैसे?

गिरीश : तुम रोल करती हो रट्टू तोते की तरह। जो कहता हूँ वही करती हो। किन्तु मुद्राएँ, भंगिमाएँ सब बाहरी। पहले चरित्र को समझना होगा न।

विनोदिनी : मैं क्या समझ सकती हूँ अपने आप?

गिरीश : मैं सबसे पहले चरित्र समझा दूँगा, सारे, फिर उसके बाद अपना पार्ट बार-बार पढ़ो, चरित्र और साफ होता जाएगा, पार्ट भी कंठस्थ होता जाएगा। चरित्र का एक बिंब मन में उभारने की कोशिश करो। उसके बाद एक बड़ा-सा आईना। उसके सामने खड़ी होकर चरित्र के साथ खेलो। कभी उस चरित्र में घुलमिल जाओ और कभी उससे अलग हटकर खड़ी होकर देखो, विचार करो।

ये अभ्यास बार-बार करना होगा जिससे कि तुम्हारे बुलाते ही चरित्र तुम्हारी काया में प्रवेश कर जाए और तुम्हारे चुटकी बजाते ही चला भी जाए।

विनोदिनी : मैं जरूर कोशिश करूँगी लेकिन क्या इतने से हो जाएगा?

गिरीश : इतने-भर से तो नहीं, नाटक और संबंधित किताबें भी पढ़नी पड़ेंगी।

विनोदिनी : किन्तु वो सब मैं समझूँगी कैसे?

गिरीश : शुरू में मैं समझा दिया करूँगा···अरे सुनो, तुमने कभी कोई अंग्रेजी थियेटर देखा है?

विनोदिनी : नहीं तो!

गिरीश : चलो बीच-बीच में मैं तुम्हें ले जाया करूँगा। अगले हफ्ते एक अच्छा नाटक होनेवाला है। चलोगी? अमृत वगैरह भी चलेंगे।

विनोदिनी : चलूँगी।

गिरीश : **(एकाएक प्रसन्न होकर)** एक बात कहूँ? विनोद तुम्हें समझाने बुझाने में मेरा भी भला हो गया!···अपने आप!

विनोदिनी : आपका भला⋯अभी-अभी ?

गिरीश : हाँ।

विनोदिनी : क्या भला हो गया ?

गिरीश : मेरी किस्मत आज प्रतापचाँद जौहरी का भेस धर के आई थी। उसने मुझे झकझोर कर कहा⋯'अपने को ऐसे कब तक छलोगे ? दो में से एक नाव तो छोड़ो।'

विनोदिनी : लेकिन नौकरी छोड़ेंगे ? आपको पैसे का भारी नुकसान होगा।

गिरीश : सो तो वह पूरा कर देंगे⋯कह रहे थे।⋯लेकिन फिर भी⋯गोरे मालिकों की बँधी-बँधाई नौकरी और फिर मैं⋯भात खानेवाला असल बंगाली जो हूँ।

विनोदिनी : हूँ⋯तो प्रतापचाँद को क्या जवाब दिया ?

गिरीश : कह दिया ज़रा सोचकर देखता हूँ।

विनोदिनी : सोचा कुछ ?

गिरीश : सोच रहा हूँ⋯सोच ही सोच रहा हूँ। देखो तुम्हारे साथ बात भी कर रहा हूँ। फिर भी अन्दर ही अन्दर सोच रहा हूँ। मुँह की बात और मन का सोच अभी एकाएक टकरा गया। हाँ⋯मैं तुम्हें हरदम कहता रहा हूँ न⋯थियेटर के अन्दर आओ⋯और अन्दर आओ⋯और मैं खुद⋯मैं खुद थियेटर के बाहर खड़ा हूँ। पैबन्दोंवाली जूती कब तक चलेगी। बस तो ठीक है, ये लो हो गया फ़ैसला।

विनोदिनी : क्या फ़ैसला ?

गिरीश : थियेटर ! आज से मेरा मालिक बस एक।

विनोदिनी : आह⋯चलिए आप बच गए।

गिरीश : बच गया या फिर पूरा ही मरा।

विनोदिनी : नहीं⋯मरना-वरना मेरे हिस्से में है।

गिरीश : क्यों-क्यों⋯कैसे ?

विनोदिनी : आपके अ-बाबू ने मुझे थियेटर छोड़ देने का हुक़्म दिया है।

गिरीश : सत्यानाश···तुम छोड़ रही हो क्या?

विनोदिनी : नहीं···वो तो बड़ी मुश्किल से रोक लिया···लेकिन···

गिरीश : अब लेकिन से मतलब?

विनोदिनी : थियेटर से पैसा लेने को मना किया है और उनकी बग्गी में आना होगा और उन्हीं की बग्गी में जाना होगा।

गिरीश : बग्गीवाली बात तो चलो खैर ठीक है···लेकिन पैसे?···माँ क्या कहती है?

विनोदिनी : माँ तो सहमत नहीं है।···कहती है···'थियेटर के पैसों से हमें दो रोटी मिलती है। थियेटर ही तो हमारी रोजी-रोटी है। और फिर किस मरद का शौक कब पूरा हो जाएगा···कौन जाने? उसके लिए बँधी-बँधाई नौकरी छोड़ोगी'···बस यही सब कह रही थी।

गिरीश : बहुत मुश्किल लगता है।

विनोदिनी : माँ ने आपसे सलाह करने के लिए कहा है, बताइए क्या करूँ।

गिरीश : अ-बाबू की मर्यादा भंग होती है, तो अ-बाबू के अहम् को थोड़ी थपकी देने में हर्जा क्या है। कुछ ऐसा करो कि साँप भी मरे, लाठी भी न टूटे।

विनोदिनी : वो कैसे?

गिरीश : अ-बाबू से कह देना कि तुम तनख्वाह नहीं लेती। तुम्हारा महीना मैं तुम्हारी माँ को सौंप दिया करूँगा। क्यों···है न तरकीब अच्छी···बोलो··· । तुम्हें अच्छी नहीं लगी न।

विनोदिनी : ऐसा नहीं है, आप ठीक ही कहते हैं।

गिरीश : नहीं, तुम पूरे मन से नहीं कह रही हो।

विनोदिनी : नहीं, ऐसी बात नहीं।

गिरीश : नहीं···तुम्हारा चेहरा कुछ और ही कहता है···बता भी दो··· ।

विनोदिनी : नहीं···कहने को कुछ है ही नहीं।

गिरीश : है···है···जरूर है···अब बोलो भी।

विनोदिनी : छोटे मुँह बड़ी बात हो जाएगी।

गिरीश : कोई बात नहीं...बात करो।

विनोदिनी : कितनी आसानी से आपने मुझे झूठ कहने को कह दिया। इतनी ही आसानी से किसी ब्याहता को अपने पति से झूठ कहने को कह सकते थे आप ?

गिरीश : दरअसल मैं वो...यानि...तुम तो अ-बाबू की...।

विनोदिनी : रहने दीजिए इस बात को।

गिरीश : देखो मैं तुम्हें दुखाना नहीं चाहता था।

विनोदिनी : जानती हूँ...मेरी गलती है, मैं अ-बाबू की कोई ब्याहता तो हूँ नहीं...मैं ही माफी चाहती हूँ।

[रोशनी कम होकर खत्म होती है। थोड़ी देर में मंच के दूसरे भाग में रोशनी आती है। अ-बाबू तकिए से सिर टिकाए लेटे हैं, विनोदिनी थाल में पान सजाए आती है]

विनोदिनी : प्रतापचाँद का थियेटर तो खूब चल रहा है।

अ-बाबू : शुरू में तो सब चलता है बाद में पता चलेगा।

विनोदिनी : तुम्हें जवान पाठों की जोड़ी चढ़ानी नहीं पड़ी, खर्चा बच गया।

अ-बाबू : प्रतापचाँद ऐसा ही व्यापारी है और फिर इस कारोबार में तो नुकसान छोड़कर और हो भी क्या सकता है।

विनोदिनी : नुकसान न हो, इसका भी इन्तज़ाम कर लिया है, गिरीश बाबू को पूरे वक्त के लिए बहाल कर लिया है।

अ-बाबू : गिरीश बाबू का दिमाग खराब हुआ है। गोरा साहब की पक्की नौकरी छोड़...भूखों मरेंगे।

विनोदिनी : ऐसा नहीं होगा। दो-दो मालिक से तो एक मालिक की सेवा ज़्यादा अच्छे ढंग से करेंगे। जानते हो गिरीश बाबू मुझे क्या कहते हैं, 'मेरे भी दो मालिक हैं।'

अ-बाबू : दो मालिक ?

विनोदिनी : तुम और...

अ-बाबू : और ? और कौन ?

विनोदिनी : और से मतलब थियेटर।

अ-बाबू : फिर क्या बात है! अब तुम भी इस मालिक की छुट्टी करो और थेटर से लटक जाओ।

विनोदिनी : हाय! सच जो ऐसा कर पाती!

अ-बाबू : तो फिर?

विनोदिनी : तो फिर गिरीश बाबू की तरह सब-कुछ छोड़-छाड़कर चली जाती।

अ-बाबू : वाह-वाह…

विनोदिनी : हाँ, सच कई बार मेरा मन करता है छोड़ दूँ सबकुछ…कुछ के वास्ते…जरा से कुछ के वास्ते।

अ-बाबू : ज़रा-सा कुछ?

विनोदिनी : हाँ…हो सके तो किसी बड़े कुछ के वास्ते, हो सके तो थियेटर के वास्ते…!

अ-बाबू : अं…अं…नदिया जिले की निमाई हो रही हो…चैतन्य प्रभु।

विनोदिनी : हँसी उड़ाना आता है…समझते तो हो नहीं।

अ-बाबू : बहुत बार कह चुकी हो…पहले भी कह चुकी हो, लेकिन एक बात समझना चाहता हूँ, क्या तुम थेटर से इतना गहरा प्रेम करती हो? सो कैसे…क्या मिलता है तुम्हें? बताओ म्याऊँ! मैं जानना चाहता हूँ, समझना चाहता हूँ।

विनोदिनी : तुम नहीं समझोगे बाबू। हालाँकि तुम समझ लेते तो कितना अच्छा होता। माँ नहीं समझती, नानी भी नहीं समझती, कोई नहीं समझता…। अगर सिर्फ़ तुम ही समझ लेते।

अ-बाबू : तो भी तुम बोलो तो सही म्याऊँ!

विनोदिनी : कितना भी प्यार करूँ, हूँ तो तुम्हारी रखैल ही न, और क्या परिचय है मेरा? लेकिन थियेटर में मैं कुछ और भी हूँ। मानुष, इंसान। बाबू, थियेटर ही है जो मुझे इंसान बना देता है।

अ-बाबू : ठीक है! तुम थेटर करो, मैंने कभी थेटर करने से तो मना

नहीं किया, सिर्फ़ पैसे लेने को मना किया है। उनसे ये बताया कभी तुमने।

विनोदिनी : हाँ।

अ-बाबू : तो क्या कहा उन्होंने?

विनोदिनी : मैंने कहा, आमेचर होकर···।

अ-बाबू : आमेचर की हैसियत से काम करोगी?

विनोदिनी : हाँ। और···पैसे नहीं लूँगी।

अ-बाबू : अच्छा! बहुत अच्छा किया। अब मैं चलूँगा। सतवा को बोलता हूँ, तुम्हारे लिए अभी बग्गी लेकर आएगा। बिल्कुल अभी···।

[अ-बाबू का प्रस्थान। रोशनी विनोदिनी पर केन्द्रीभूत होती है]

विनोदिनी : पहली बार तुम्हारे सामने झूठ बोली हूँ। पहली बार मैंने प्रेम में छल किया! थियेटर के लिए, तुम्हारे लिए।

[रोशनी बुझती है, और रोशनी आती है, जिसमें सूत्रधार भासित होता है]

सूत्रधार : तबलची विधू बागची उसी थियेटर की एक कोठरी में रहता था। प्रतापचाँद ने उसे वहाँ से निकाल दिया। विधू ने गिरीश बाबू से गुहार की। गुस्से में गिरीश बाबू ने थियेटर जाना बन्द कर दिया। फिर तो विनोदिनी, अमृतलाल बसु, अमृतमित्र आदि लोगों ने भी जाना बन्द कर दिया। प्रतापचाँद को हार मान समझौता करना पड़ा। थियेटर के मालिक के साथ विनोदिनी का यह पहला मुकाबला था। उसकी दूसरी तनातनी खुद विनोदिनी के साथ ही थी। विनोदिनी बीमार हुई, जलवायु बदलने के लिए छुट्टी माँगी तो प्रतापचाँद ने छुट्टी नहीं दी। बहुत खींचतान के बाद छुट्टी मिली···केवल पन्द्रह दिनों के लिए। विनोदिनी जलवायु बदलने गई, 'काशी'

[सूत्रधार के ऊपर से रोशनी बुझती है, मंच के

पिछले भाग में मद्धम प्रकाश में गंगा का किनारा दिखाई देता है, धीरे-धीरे रोशनी में और साफ होता है। घाट पर विनोदिनी और अ-बाबू बैठे हैं। मन्दिर की घंटा ध्वनि धीरे-धीरे बजकर विलीन होती है।]

अ-बाबू : मुझे काशी में ही बसना है।

विनोदिनी : ये क्या ? भरी जवानी में काशी वास ?

अ-बाबू : ...सो तो इसी घाट पर आकर पता चला—दुनिया में जवानी कितनी है ?

विनोदिनी : सच ? मेरा भी मन होता है यहीं रह जाऊँ।

अ-बाबू : सच ! रहोगी ? तो फिर लिख दूँ सतवा को ?

विनोदिनी : अरे नहीं-नहीं ! अभी लिखने की ज़रूरत नहीं।

अ-बाबू : मैं रह सकता हूँ, लेकिन तुम नहीं रह सकोगी तुम्हारा तो—वो थियेटर जो है।

विनोदिनी : भूल गई एकदम कलकत्ता भी कोई स्थान है ? वहाँ का वो थियेटर घर कोई इन्द्रजाल-सा लगता है—सपना जैसे, अभ्यास नहीं, पार्ट याद करने से छुट्टी, मेकअप से छुट्टी, एकदम अलग संसार में हूँ।

[नेपथ्य में—भारतीय कन्याओं का देहाती विवाह गीत]*

वो जो जा रहे हैं—दूल्हा-दुल्हन वैसे ही नन्हे-नन्हे बल्कि उससे भी कम उम्र में मेरा ब्याह हुआ था। वो सारी बातें ऐसे धुँधली हो गईं, पिछले जन्म की बात हो जैसे—

---

* बाली उमिरिया बियाहे हमका बाबा
काहे भगौलीं बना के बिदेसिनी
नीमवाँ की डारी पे रहिगे झूला
सोन चिरैया के छुटि गय बोलिया
करेजवा काटे भैया के दुलरवा
मैया की अँखुवा से बहे काहे लोरवा
बना के बिदेसिनी बाली उमिरिया...

अ-बाबू : म्याऊँ! ब्याह करना चाहती हो?

विनोदिनी : बाबू! कौन लड़की है जो नहीं चाहेगी? किन्तु हम लोगों के लिए तो ब्याह होता ही नहीं। सो यह सब सोचने से फायदा? सोचने से मन को पीड़ा ही होती है···।

अ-बाबू : म्याऊँ! तुम्हें भी पीड़ा होती है?

विनोदिनी : थियेटर करने का एक लाभ है, काम में इतना डूब जाती हूँ कि सोचने-वोचने का समय ही नहीं बचता। बाबू–चलो···अब लौटना पड़ेगा। पन्द्रह दिन का एक महीना हो गया काशी आए।

अ-बाबू : होने दो। अभी तक तुम पूरी तरह ठीक नहीं हो।

विनोदिनी : उससे क्या? नौकरी है आखिर वो प्रतापचाँद···

अ-बाबू : प्रतापचाँद की चिंता मत करो। तुम्हें हटाकर उसका थियेटर दो दिन भी नहीं चलेगा।

विनोदिनी : चलेगा, खूब चलेगा। मेरे मरने पर भी चलेगा–नई लड़की होगी–कोई न कोई। तुम्हारा भी क्या मेरे मरते ही नई-नवेली रख लोगे। आराम से चलता रहेगा सभी कुछ।

अ-बाबू : क्या बक रही है?

विनोदिनी : हाँ तुम्हारी अगली लड़की थियेटर वाली नहीं होगी कसम से।

अ-बाबू : इस गंगा किनारे–धर्म की कसम–तुम्हें छोड़–मैं और कोई लड़की नहीं लाऊँगा–ना ही कोई ब्याह करूँगा।

विनोदिनी : अरे-अरे। ये क्या कर लिया?

अ-बाबू : क्यों–क्या हुआ?

विनोदिनी : इतनी बड़ी कसम? कभी ऐसा करना पड़ गया तो ये कसम तुम्हें बहुत सताएगी। मैं ये नहीं चाहती।

अ-बाबू : म्याऊँ! तुम्हें भरोसा नहीं मुझ पर? है न?

विनोदिनी : है जी है। किन्तु–पूरी शान्ति नहीं मन को।

अ-बाबू : सो क्यों?

विनोदिनी : माँ, नानी, गंगा दीदी सभी मुझे···छुटपन से ही यही सुनती

आई हूँ, "पुरुषों का भरोसा नहीं।"

अ-बाबू : उन्हीं सब में गिन लिया मुझे भी ?

विनोदिनी : नहीं, जी नहीं। तुम उनमें से नहीं हो।

[रोशनी जाती है। फिर आती है तो प्रतापचाँद और विनोदिनी नेशनल थियेटर पर नजर आते हैं]

प्रतापचाँद : एक महीने की तनखा···कटेगी तुम्हारी।

विनोदिनी : क्यों ?

प्रतापचाँद : जब काम नहीं किया फिर तनखा कैसी ?

विनोदिनी : एक दिन की भी छुट्टी नहीं की मैंने। कभी नागा नहीं किया। बीमार होने पर एक महीने की छुट्टी—मेरा हक है।

प्रतापचाँद : यहाँ मेरे थियेटर में ये नियम नहीं चलता।

विनोदिनी : आप देंगे—या नहीं। इतना बता दो—बस।

प्रतापचाँद : कहा ना—काम नहीं—सो दाम नहीं।

विनोदिनी : तो फिर रखो अपनी नौकरी। मेरा भी नहीं चलेगा ऐसे।

प्रतापचाँद : नहीं चलता तो—न सही। मैं क्या करूँ, मैं भी मजबूर हूँ।

[प्रतापचाँद बाहर जाता है, विनोद क्रोधित उसी दिशा में घूरती रहती है]

विनोदिनी : मिसिर ! मेरी बग्गी जोतो।

[विनोदिनी ज्यों ही बाहर जाना चाहती है—तभी गिरीश घोष, अमृत बसु, अमृत मित्र आदि का प्रवेश]

गिरीश : ठहरो विनोद।

विनोदिनी : क्यों ?

गिरीश : ज़रा सोचो तो।

विनोदिनी : सोचना क्या है ?

अमृत बसु : ऐसे दिमाग़ ख़राब करने से काम कैसे चलेगा ?

विनोदिनी : मेरा दिमाग़ ठीक है।

गिरीश : अभी नौकरी छोड़ना ठीक नहीं।

विनोदिनी : मैं काम करूँगी—दो ही शर्तों पर। एक तो पिछला पूरा हिसाब भुगतान करना होगा। दूसरे—तनखा बढ़ानी होगी। सालों-साल एक ही तनखा पर कैसे काम कर सकती हूँ।

गिरीश : अच्छा—बस कुछ समय के लिए मान जाओ।

विनोदिनी : मान जाओ का मतलब ? उस प्रतापचाँद के तलवे चाटूँ—मैं ?

गिरीश : हम लोग कहीं दूसरा थियेटर करेंगे, अपना।

विनोदिनी : हाँ...बिल्कुल ठीक। ये ज़रूरी है। हमारा अपना थियेटर होना चाहिए। इस तरह और नहीं चल सकता।

गिरीश : ये कमी मुझे भी चुभती है—तुमसे कहीं बेसी। थियेटर हमें बनाना ही है।

विनोदिनी : बनाइए ! जल्दी बनाइए !

गिरीश : बनाएँगे। चुटकी से तो नहीं बनेगा न ? तुम साथ दोगी ?

विनोदिनी : निश्चय ! हर कीमत पर ! बिल्कुल।

अमृत मित्र : तो फिर अभी गड़बड़ मत करो।

अमृत बसु : एक सेठ है—करीब-करीब मान गया है—अपार सम्पत्ति का मालिक है।

[रोशनी बुझती है—रोशनी फिर से आने पर—सूत्रधार दीखता है]

सूत्रधार : सेठ का नाम—गुरुमुख राय ! वो एक थियेटर हॉल बनवा देगा। लेकिन उसकी भी एक शर्त है। गुरुमुख को विनोदिनी चाहिए। थियेटर चलानेवालों ने उसे विश्वास दिलाया कि...उसकी ये शर्त वे लोग पूरी करेंगे। ये वादा था, इसी की लालसा में सेठ गुरुमुख राय थियेटर की दुनिया में प्रवेश करता है, इसकी कीमत चुकानी है विनोदिनी को। और सारे संबंधों को तोड़कर विनोदिनी अब सिर्फ गुरुमुख राय की होगी। हाँ, इसके लिए गुरुमुख राय विनोदिनी को अलग से भी पैसे देगा।

[रोशनी बुझती है–सूत्रधार के शब्दों के साथ ही दूसरे भाग में रोशनी आती है–विनोदिनी को घेरे खड़े हैं–अमृत मित्र, अमृत बसु, दासु नियोगी, हरि बसु। थोड़ी दूर अलग खड़े हैं–गिरीश घोष।]

अमृत मित्र : **(अनुरोध से)** विनोद !

विनोदिनी : नहीं।

अमृत बसु : जरा सोचो विनोद !

विनोदिनी : सोचने को क्या है इसमें ?

अमृत बसु : तुम साथ दोगी···तुमने कहा था···

विनोदिनी : हाँ ! लेकिन इस कीमत पर तो नहीं ।

अमृत बसु : हर कीमत पर साथ देने को कहा था तुमने, बस इतनी मदद कर दो कि हम थियेटर कर तो सकें ? चाहे जो भी कीमत देनी हो ?

विनोदिनी : जो भी कीमत और कौन-सी कीमत ? एक ही तो रास्ता है।

दासु नियोगी : सो तो है···तुम यदि ज़रा···

विनोदिनी : नहीं ! नहीं ! नहीं !

[आखिरी नहीं कहती है विनोदिनी गिरीश घोष के सामने। गिरीश सिर झुकाता है।]

आप सब लोग अभी···

अमृत बसु : चलिए ! अभी सब चलते हैं।

अमृत मित्र : विनोद का मन अभी ठीक नहीं है।

अमृत बसु : हम लोग फिर आ जाएँगे।

विनोदिनी : इसी के लिए आना है तो···बिलकुल मत आइएगा।

[सभी जाते हैं, विनोदिनी की माँ आती है]

माँ : माथा क्यों खराब किए हो ?

विनोदिनी : ऐसे में माथा ठीक रह सकता है ?

माँ : मैं वही कहूँगी जिसमें तुम्हारा भला हो।

विनोदिनी : बहुत भला हो चुका। अब और भला नहीं चाहिए।

माँ : तुम अ-बाबू की मत सोचो, वो बड़े बाप का बेटा है।

विनोदिनी : मेरे पास छोटे बापों के बेटे आ सकें—इसका भी उपाय है।

माँ : बड़ों के बेटे मनचले होते हैं।

विनोदिनी : अ-बाबू मनचले नहीं।

माँ : अ-बाबू भी मनचले हैं। कम उम्र है, मरद हैं, जाने कब कहाँ मन आएगा"मरद का मन जो है।

विनोदिनी : माँ! बस यों ही—किसी के मत्थे दोष मत मढ़ो।

माँ : गुरुमुख की उम्र थोड़ी-सी जास्ती है सो तो टिकेगा। और फिर गुरुमुख बहुत पैसेवाला है—धन्ना सेठ। क्यों हाथ आई लक्ष्मी को ठोकर मारती है? गुरुमुख के थियेटर में चाकरी"रानी बनकर रहोगी।

[अ-बाबू का प्रवेश]

अ-बाबू : रानी? रानी कैसे? किसकी रानी? ओ थियेटर में रानी! तुम्हारा ये अच्छा है—आज रानी तो कल भिखारन, परसों देवी परले दिन हिडिम्बा।

[माँ विषदृष्टि से देखती हुई चली जाती है]

विनोदिनी : आओ, भले आए—तुम्हें ही याद कर रही थी।

अ-बाबू : बड़े भाग हैं—लेकिन आज रुकने को नहीं आया।

विनोदिनी : मतलब?

अ-बाबू : जाने को आया हूँ।

विनोदिनी : कहाँ जाना है?

अ-बाबू : **(हिचकते हुए)** गाँव! म्याऊँ—कई दिनों तक तुम्हारे दर्शन नहीं होंगे।

विनोदिनी : गाँव में अब कौन-सा राज-काज चलाना है?

अ-बाबू : राजकार्य ही तो है। जानती हो—गाँव में लोग मुझे राजा बाबू ही कहते हैं।

विनोदिनी : तुम्हारे बिना राजकाज अच्छा भला चल रहा है।

अ-बाबू : सो तो चल रहा है लेकिन साल में एक-दो बार भी न जाऊँ तो कैसे चलेगा।

विनोदिनी : दो एक बार? उससे तो ज़्यादा हो आते हो। अभी तो गए थे—उसी दिन।

अ-बाबू : हाँ—सो—गया तो था।

विनोदिनी : ऐसा क्या काम है?

अ-बाबू : काम? मैं···वो···जमीन-जायदाद का झंझट, समझी न? भारी झंझट।

विनोदिनी : तो झंझट में जाते ही क्यों हो?

अ-बाबू : बिल्कुल नहीं जाऊँ तो—अमला, कर्मचारी···सब साफ कर जाएँगे···डकार भी नहीं लेंगे।

विनोदिनी : कितने दिन रहोगे—गाँव? आएँगे कब?

अ-बाबू : बेसी दिन नहीं! जाना है और आना है—बस। दो-चार दिन···बहुत हुआ—तो बस पाँच-सात दिन।

विनोदिनी : पाँच-सात दिन?

अ-बाबू : जास्ती दिन हो जाएँ तो भी क्या? तुम्हें तो अच्छा ही है···।

विनोदिनी : अच्छा ही है—कैसे कहा?

अ-बाबू : तुम्हें कोई तंग नहीं करेगा, खूब थियेटर करोगी, जितना मन होगा, रिहर्सल करोगी···कोई कुछ कहनेवाला नहीं—कोई तंग नहीं करेगा।

विनोदिनी : नहीं जी नहीं—ऐसा नहीं है। तुम्हारे बिना बहुत खराब लगता है मन को। पिछली बार जब तुम गाँव गए थे—थियेटर में—रिहर्सल में समय बीत जाता था ठीक है—लेकिन रात में घर लौटकर बहुत कष्ट होता था। चारों तरफ सन्नाटा···बीच-बीच में फेरीवालों की बोलियाँ—बेले के फूल, कुल्फी···मुझे रोना आता।

अ-बाबू : मैं जल्दी लौटूँगा म्याऊँ!

विनोदिनी : और इस बार और भी कष्ट होगा। अभी मुझे तुम्हारी बहुत ज़रूरत थी—बाबू···बहुत जरूरी काम है?

अ-बाबू : हाँ—बहुत जरूरी।

विनोदिनी : दो-दिन बाद जाने से नहीं चलेगा?

अ-बाबू : ये कैसे हो सकता है? दिन पक्का है—कार्य विधि सब तय है—एकाएक नहीं गया तो सब काम खराब हो जाएगा।

विनोदिनी : अच्छा।

अ-बाबू : बहुत जल्दी लौटूँगा इस बार। काम सम्पन्न होते ही।

विनोदिनी : दो दिन नहीं ठहर सकते?

अ-बाबू : म्याऊँ ! ऐसे नहीं करो। मैं आ तो रहा हूँ—बस! देखो अबेर हो रही है। गाड़ी में। ए···लक्ष्मी गुड्डो उदास नहीं होते। बोलो—उदास नहीं रहोगी।

विनोदिनी : अच्छा नहीं।

अ-बाबू : चलता हूँ अभी।

विनोदिनी : अच्छा···मिलेंगे।

[अ-बाबू जाते हैं। विनोदिनी घुटने में सिर छुपाए बैठ जाती है। कुछ क्षणों के बाद रोशनी धीरे-धीरे बुझती है। फिर से रोशनी आती है।]

[विनोदिनी उसी भंगिमा में बैठी दीख पड़ती है। सिर्फ बैठने की जगह बदल गई है। पास ही गिरीश घोष खड़े हैं।]

गिरीश : कुछ सोचा विनोद?

विनोदिनी : आप लोगों को मेरा फैसला नहीं चाहिए—बस अपना काम चाहिए। मेरा फैसला तो आप लोगों ने तय कर ही लिया है।

गिरीश : देखो थियेटर में बहुतेरे लोगों की मान-मर्यादा बढ़ी है। तुम्हारी भी बढ़ेगी। तुम्हारा कलंकित इतिहास जमाना भुला देगा एक दिन।

विनोदिनी : आप भी—आप भी यही भाषा बोलते हैं?

गिरीश : हाँ! सोच-समझकर ही बोल रहा हूँ।

विनोदिनी : अपना पक्ष सोचते हैं आप, मेरी तरफ से भी सोचिए।

गिरीश : मैं केवल थियेटर की तरफ से सोचता हूँ। तुम थियेटर से बहुत प्यार करती थी।

विनोदिनी : सो तो आज भी करती हूँ।

गिरीश : हमारा अपना थियेटर होना चाहिए, ये कई बार बोलती रही हो तुम भी।

विनोदिनी : आज भी बोलती हूँ।

गिरीश : थियेटर से तुम्हें रोटी मिली, नामवरी मिली···

विनोदिनी : जानती हूँ···मानती हूँ।

गिरीश : थियेटर को भी तुमसे कुछ मिलना है या नहीं ? थियेटर भी तुमसे कुछ चाहता है।

विनोदिनी : दूँगी। सब दे सकती हूँ—लेकिन···

गिरीश : बेसी कुछ नहीं चाहिए थियेटर को तुमसे।

विनोदिनी : बेसी नहीं ?

गिरीश : ऐसे सोचो कि थियेटर की कोई बात ही नहीं है इसमें। दूसरा कोई आदमी आया है तुम्हारे पास—हजारों हजार का माल लेकर—फिर तुम क्या करतीं ? याद रहे—एक-दो रुपए नहीं—हजारां-हजार। सोने की खान है उसकी जेब में—फिर तुम्हारे लिए क्या करना स्वाभाविक है ?

विनोदिनी : नहीं समझेंगे। आप नहीं समझेंगे।

गिरीश : समझकर ही बोला है। बुद्धी से, समझदारी से—जो सही है—वही करने को कहा है मैंने तुम्हें। थियेटर का भला तो अपने आप भी हो ही जाता, थियेटर की बढ़ौती के लिए नहीं कहता तुम्हें कुछ भी करने को। तुम अपना भला तो करो यही कहना है मुझे। तुम्हें छलकर, धोखा देकर कोई काम नहीं कराया कभी। तुम्हारी माँ से भी मेरी बात हुई है, वो भी यही सोचती है। तुम्हारा भला इसी में है।

विनोदिनी : आप। माँ···आप लोग नहीं समझेंगे। कोई नहीं समझ सकता।

गिरीश : इतना सोचना किसलिए तुम्हें ?

विनोदिनी : किसलिए ? किसी भी लिए नहीं सोचना ? अच्छा किसी खानदानी घर की लड़की से आप अपना पति छोड़ने की

बात इसी ढंग से कह सकते थे ?

गिरीश : विनोद, क्यों अपनी कल्पना पर ये रंगीन झिल्ली चढ़ाकर अपना भविष्य नष्ट करती हो ? तुम तो अ-बाबू की···

विनोदिनी : ब्याहता पत्नी नहीं···यही मेरा दोष है न ? आप कहते हैं इंसान को सुधरना चाहिए, गिरने से चेतावनी देते हैं···

गिरीश : विनोद, मैंने तुम्हें गिरने को नहीं कहा।

विनोदिनी : कहा है। ज़रा सोचकर देखें। मैं कोई शरीफ नहीं खराब लड़कियों में से हूँ, जानती हूँ, फिर भी जितनी खराब हूँ—आप उससे भी नीची होने को कह रहे हैं।

गिरीश : विनोद, जीवन की कीचड़ माटी में इतने बारीक तर्कों की कोई जगह नहीं।

विनोदिनी : हाँ-हाँ—किसी-किसी के लिए नहीं है। लेकिन किसी के लिए यही दाम बहुत ऊँचा हो तो ? तो वो दोषी है। जिद्दी है, अड़ियल।

गिरीश : विनोद ! गलती कर रही हो। अ-बाबू खुद ही कोई और लड़की नहीं ले आएँगे—ये कैसे कह सकती हो तुम ?

विनोदिनी : क्योंकि मैं जानती हूँ।

गिरीश : क्या बकती हो ? कोई हिसाब नहीं।

विनोदिनी : गंगा के किनारे धर्म की सौगंध खाकर··· अ-बाबू···मुझे···जानती हूँ, मैं जानती हूँ मुझे विश्वास है।

गिरीश : विश्वास करने की बड़ी क्षमता है तुममें—यही मुश्किल है।

विनोदिनी : आप तो ये नहीं बोलिए। छुटपन से माँ, नानी और गंगा दीदी सभी ने मुझे अविश्वास करना ही सिखाया है। लेकिन आप मुझसे बहुत बड़े हैं—आप तो न कहिए।

गिरीश : तुम ऐसे बात करती हो—जैसे अ-बाबू की ब्याहता पत्नी हो।

विनोदिनी : ब्याहता नहीं हो सकती, फिर भी इंसान हूँ—एक लड़की हूँ।

गिरीश : तुम अभी अपने आपे में नहीं हो। कुछ ठण्डे दिमाग से सोचो—अपने बारे में और थियेटर के बारे में भी।

विनोदिनी : थियेटर के लिए कुछ कर सकती तो करती—जरूर ही करती।

गिरीश : शांति से। शांति से सोचो। तभी कर सकोगी कुछ भी।

[गिरीश का प्रस्थान। विनोदिनी की माँ आती है]

माँ : गिरीश बाबू ठीक कहते हैं,···जो भी कहते हैं। क्यों? इसका जवाब क्यों नहीं देती अब?

विनोदिनी : मुझे कोई जवाब नहीं देना।

माँ : अ-बाबू पर जान लुटाए बैठी है न तू? लेकिन वो, अ-बाबू गाँव क्या करने गया है—पता है?

विनोदिनी : पता है।

माँ : क्या करने—बताओ फिर?

विनोदिनी : जमीन—जायदाद का काम है कुछ।

माँ : झूठ है—सरासर झूठ। वो गाँव गया है ब्याह रचाने।

विनोदिनी : ये झूठ है माँ। झूठ। तुम झूठ बोलती हो।

माँ : झूठ नहीं। पक्की खबर है, तू नहीं मानेगी जानती थी इसलिए अ-बाबू के मुनीम सोतू बाबू को किसी बहाने बुला लाई हूँ।

विनोदिनी : कहाँ है सोतू बाबू?

माँ : उधर वाले कमरे में।

विनोदिनी : यहाँ बुला के लाओ।

माँ : अब सीधे-सीधे मत पूछना। बात घुमाकर पूछ देखो।

विनोदिनी : मुझे कोई परवाह नहीं। जाओ—परंतु बुलाओ उसे—अभी —तुरंत।

[माँ जाती है। विनोद परेशान—सोतू बाबू का प्रवेश]

सोतू : आपने बुलाया?

विनोदिनी : बाबू कब आएँगे?

सोतू : यही···बस···आए के आए समझो।

विनोदिनी : ब्याह हो गया?

सोतू : ऐं ?

विनोदिनी : मुँह दिखाई हो गई ?

सोतू : जी···वो···किसकी मुँह दिखाई ?

विनोदिनी : नाटक मत करो।

सोतू : हो गई। पिछले रविवार।

विनोदिनी : ठीक। अब आप···

[सोतू बाबू का प्रस्थान साथ ही माँ का प्रवेश]

माँ : हुआ भरोसा ?

विनोदिनी : माँ ! गिरीश बाबू को ख़बर कर दो—मैं तैयार हूँ···

[माँ पास आकर खड़ी होती है। विनोद माँ के कंधे पर सिर रखकर फूट पड़ती है।]

माँ : मैं तैयार हूँ, मैं तैयार हूँ···

[रोशनी बुझती है। रोशनी फिर आने पर—गुरुमुख—मसनद पर टेक लगाए बैठा है। पास ही विनोदिनी है। गुरुमुख मुँह में पान का बीड़ा दबाता है। उसके चेहरे पर सहज हँसी है। विनोदिनी का हाथ पकड़ अपनी ओर खींचता है। विनोदिनी कुछ पल हाथ वैसे ही रहने देती है फिर हाथ खींचकर उठ खड़ी होती है।]

विनोदिनी : गुरुमुख बाबू, आज जरा मेरा स्वास्थ्य ठीक नहीं है।

गुरुमुख : तबियत खराब ? अच्छा ठीक है।

विनोदिनी : कल आइए आप।

गुरुमुख : अच्छा ! अच्छा ! ठीक !

[गुरुमुख का प्रस्थान। उसी समय माँ का प्रवेश हाथ में शरबत का गिलास]

माँ : माथा फिर गया है तेरा। ऐसे भलेमानस के संग ऐसा सलूक ?

विनोदिनी : तुम चुप भी करो माँ।

माँ : इतना घमण्ड नहीं करो। इतना अहंकार हमें रास नहीं

आता। सुंदरता और जवानी सदा नहीं रहती। बड़ा घमण्ड था अ-बाबू पर—डाल गया कूड़े में कि नहीं।

[अ-बाबू के नाम से विनोद की आँखें जल उठती हैं]

विनोदिनी : माँ, उसका नाम—मत लो मेरे सामने।

माँ : बातें कैसी मीठी-मीठी—चाशनी! मौका आया नहीं कि···शरबत पी लो। सकत आएगी थोड़ी।

विनोदिनी : **(शरबत पीकर)** और भी कुछ मिलाया है क्या?

माँ : हाँ! अब ये गिलास गुरुमुख बाबू को दे आओ।

विनोदिनी : वो गया।

माँ : नहीं! गया नहीं। उसकी जूतियाँ मैंने छुपा रखी हैं। ठहरो भेजती हूँ।

[शरबत का गिलास विनोदिनी को पकड़ा कर माँ जाती है, गुरुमुख का प्रवेश]

गुरुमुख : क्या हुआ, तुम्हारी तबियत गड़बड़ थी?

विनोदिनी : नहीं ऐसा भी कुछ नहीं कि···माँ ने शरबत पिला दिया तो अब ठीक लग रहा है। ये लीजिए—ये आपके वास्ते।

गुरुमुख : वाह! बहुत अच्छा! मज़ो आ गयो।

विनोदिनी : **(चंचल वाणी—तिरछी नजर)** यहाँ तो सभी कुछ मज़ेदार है, गुरुमुख बाबू।

गुरुमुख : हाँ? ठीक, ठीक बात। इधर सब अच्छा। ये मकान, ये घर, ये बिछौना, तुम्हारी साड़ी, नैनों का कजरा—सारा कुछ—कैसो सुन्दर—सुन्दर।

विनोदिनी : और मैं?

गुरुमुख : तू तो गुलबाग की रानी है, छमक-छल्लो।

विनोदिनी : गुरुमुख जी! मुझे आपने कब देखा—पहले-पहल? बताइए।

गुरुमुख : एक मितर वही ले आया था—नाटक दिखाने। तभी देखा—पहले-पहल और बस।

विनोदिनी : बस! और तभी बस रीझ गए—पहली नजर में। क्यों इतनी

भा गई? इतनी क्यों भा गई मैं गुरुमुख जी? मैं भी तो जानूँ।

गुरुमुख : अरे—इतनी सुन्दर नारी—नाच—गायकी।

विनोदिनी : नाचने गानेवाली सुन्दर नारी देखते ही तुम्हें— अच्छा-अच्छा लगने लगा है—नहीं?

गुरुमुख : हाँ-हाँ-बिल्कुल! बिल्कुल!

विनोदिनी : तुम्हें यहाँ खूब सुंदर नार भी मिलेगी और मिलेगा भरपूर गाना भी, नाचना भी…

***[गाने की एक कड़ी गाते-गाते विनोदिनी लड़खड़ाते कदमों से एक चक्करदार पूरा नाच जाती है। गुरुमुख की नजर मुग्ध है।—लालसा से आर्त्त। विनोदिनी के नाचने में आँचल अस्त-व्यस्त जिससे उसकी मादकता बढ़ जाती है। गुरुमुख की आँखें जल उठती हैं। नाच की गति बढ़ती है।]**

गुरुमुख : नाचना-गाना—हमें बहुत मजा मिलता है।

[विनोदिनी का नाच द्रुत गति से विलंबित लय में बदलता है—जो बहुत ही लास्यमय हो जाता है।]

गुरुमुख : नाचना गाना—बहुत अच्छा लगता है—बहुत। तुम भी—हमें तुम भी बहुत अच्छी लगती हो। तुम भी…तुम…तुम…

---

* आओ न गोरी सेज सँवरिया,
पल-पल छिन-छिन बाट जोऊँ तोरी
आओ न...
तुम्ह बिन मोरा जिया नहिं माने
बिनती करूँ, तोरे पैयाँ पड़ूँ, रहो मेरे संग
आओ न...
रास रंग अब अंग लगाऊँ
नाद उठाऊँ, साज जगाऊँ
तुम आओ तो सब रस आवे
तुम आओ, तो सब रस आवे
आओ न मोरी सेज...

[गुरुमुख हाथ बढ़ाए विनोदिनी की तरफ बढ़ता है नाच विलंबित लय में चलता रहता है–एकाएक गुरुमुख विनोदिनी का एक हाथ पकड़–अपनी ओर जोर से खींचता है।]

[विनोदिनी गुरुमुख के सीने पर निढाल गिरती है। रोशनी मंद पड़ती है, घुँघरुओं की लय चरम पर झंकृत होती है। धीरे-धीरे घुँघरुओं की ध्वनि रुक जाती है। विनोदिनी तकिए पर सिर टिकाए थोड़ी अस्त-व्यस्त–सोई हुई है, नेपथ्य से अ-बाबू की पुकार सुन पड़ती है।]

अ-बाबू : **(नेपथ्य से)** म्याऊँ ! म्याऊँ ! **(विनोदिनी सुनती है पर जवाब नहीं देती)** म्याऊँ, म्याऊँ दरवाज़ा खोलो।

[विनोदिनी मुँह छुपा कर रोती है]

म्याऊँ क्या हुआ ?

विनोदिनी : चले जाओ तुम।

अ-बाबू : क्यों ? क्या हुआ ?

विनोदिनी : तुम जाओ मैं व्यस्त हूँ।

अ-बाबू : अच्छा ! मैं रुकता हूँ।

विनोदिनी : नहीं–रुको नहीं।

अ-बाबू : क्या बात है ? इतने दिन बाद सही–आया तो हूँ।

विनोदिनी : मत आओ।

अ-बाबू : दरवाज़ा ही नहीं खोलती ?

विनोदिनी : दरवाज़ा नहीं खुलेगा।

अ-बाबू : सो क्यों ?

विनोदिनी : मेरे पास कोई और आदमी है अंदर !

अ-बाबू : और आदमी ? क्या बोलती हो ?

[पागल की तरह दरवाज़े पर चोट करता है]

खोलो ! जल्दी ! दरवाजा खोलो नहीं तो दरवाजा तोड़ दूँगा–सुना ?

[विनोदिनी धीमे-सुस्त उठती है–दरवाज़ा खोलती है। पागलों की तरह बौराया हुआ अ-बाबू कमरे में प्रवेश करता है। विनोद का हाथ पकडकर झकझोर देता है]

अ-बाबू : कौन है? कहाँ है वो?

[विनोदिनी बाँकपन से हँसती है]

म्याऊँ! कौन है वो? कहाँ है?

विनोदिनी : बिस्तर के नीचे।

[अ-बाबू पलंग के नीचे ढूँढ़ता है]

अ-बाबू : किधर? कहाँ है?

विनोदिनी : नहीं मिला उधर?

अ-बाबू : नहीं। कहाँ है? सच बताओ।

विनोदिनी : उधर नहीं तो शायद बिस्तर के उस तरफ हो।

[अ-बाबू उधर देखता है]

अ-बाबू : नहीं तो! किधर है? म्याऊँ मेरे साथ खिलवाड़ मत करो।

[सारा घर छान मारता है, आख़िर विनोद के सामने आ खड़ा हो जाता है]

बात क्या है? झूठ क्यों बोला?

विनोदिनी : झूठ नहीं है।

अ-बाबू : मैं डर ही गया था।

विनोदिनी : सिर्फ डर लगा। दर्द नहीं हुआ?

अ-बाबू : हुआ।

विनोदिनी : चलो, सुनकर अच्छा लगा।

अ-बाबू : मुझे दर्द हुआ तुम्हें अच्छा लगा?

विनोदिनी : हाँ! बहुत अच्छा लगा।

अ-बाबू : माने?

विनोदिनी : मुझे भी तो बहुत दर्द हुआ है। नहीं? अब तुम्हें भी बाँटना पड़ेगा।

अ-बाबू : इस सबका मतलब? ये सब झूठ बोलना···

विनोदिनी : कुछ भी झूठ नहीं है इसमें।

अ-बाबू : क्या झूठ नहीं है?

विनोदिनी : मेरा इंतजाम अब किसी और आदमी के साथ हो चुका है।

अ-बाबू : क्या?

विनोदिनी : अब नहीं आना कभी।

अ-बाबू : कुछ ही दिनों में ये तुम्हें क्या हो गया? कोंचकर मुझसे जास्ती पैसे ऐंठना चाहती हो। तुम्हें पता है—मैं तुम्हारे बिना रह जो नहीं सकता।

विनोदिनी : हूँ! रह नहीं सकते। बड़ी प्रीत जो हो गई है। पता तो चले। इतने समय बाद लौटे हो—तुम्हारी कुशलक्षेम भी तो पूछनी है—कैसे हैं अ-बाबू? सब मज़े में? मज़े में तो होंगे ही? नए ब्याह पर आदमी मज़े में तो होगा ही, क्यों? दुल्हन कैसी मिली? खूब सुंदर होगी, जरूर। सुहागरात में फूल-शय्या पर दुलहनियाँ से क्या-क्या बोले? क्या-क्या किया? ज़रा बताओ न अ-बाबू? बहुत मन है सुनने का। कसम से।

अ-बाबू : तुम्हें कैसे पता?

विनोदिनी : तुमने छिपाया, फिर भी सब पता है।

अ-बाबू : छिपाना नहीं चाहता था, लौटने पर खुद ही बता देता।

विनोदिनी : **(कठोर स्वर—हठात)** जाओ—तुम चले जाओ।

अ-बाबू : म्याऊँ··· ! परिवार की जिम्मेदारी से मजबूर होकर ब्याह किया। लेकिन मेरा तुम्हारा संबंध जैसा था—वैसा ही रहेगा।

[विनोद का हाथ पकड़ना चाहता है]

विनोदिनी : मुझे वो संबंध नहीं चाहिए।

अ-बाबू : म्याऊँ?

विनोदिनी : गंगा किनारे धर्म की सौगंध लेकर एक दिन क्या वचन दिया था—याद है?

अ-बाबू : वचन मैंने नहीं तोड़ा—म्याऊँ। इसी कलकत्ते में कितने

सैकड़ों लोग—पैसे देकर रखैल रखे हैं—उनमें से कौन है जो परिवार नहीं चलाता ?

विनोदिनी : जानती हूँ। सब जानती हूँ। अभी तुम चले जाओ यहाँ से।

अ-बाबू : पागल जैसी क्यों हो रही हो तुम ?

विनोदिनी : चले जाओ—नहीं महाभारत होगा अभी।

अ-बाबू : जाता हूँ। ऐसे मत करो। मैं फिर आऊँगा—बाद में।

विनोदिनी : नहीं। फिर कभी नहीं आ सकते।

अ-बाबू : मैं आऊँगा—आऊँगा। जीवन-भर आऊँगा।

विनोदिनी : नहीं ! नहीं ! नहीं !

[अ-बाबू का प्रस्थान। विनोद रोती हुई गिर पड़ती है, मंच पर रोशनी मंद होती है। अंधकार में हो-हल्ला। खटाखट लाठियाँ चलने की आवाज़ें। लड़ाई। रोशनी फिर से आती है। धीरे-धीरे विनोदिनी उद्विग्न खड़ी है।]

[गुरुमुख का प्रवेश]

गुरुमुख : तुम्हारा वो बाबू—क्या नाम—अ-बाबू नाम है न उसका ?

विनोदिनी : लठैतों को लेकर आया था ?

गुरुमुख : हाँ ! तुम्हें छीनेगा—बोलता था। हमारे आदमियों के साथ माँजा-माँजी हो गई—बहुत। बहुत लोगों को चोट आई। पुलिस भी आ गई।···क्यों चुप्पी किसलिए ? डरती हो···अरे···डरो मत।

विनोदिनी : क्या अ-बाबू को चोट लगी है ?

गुरुमुख : नहीं। लेकिन एक बात बोलूँ ?—विनोद बीबी—यो थेटर बहोत गंदो काम है। कोई ज़रूरत नहीं थेटर की।

विनोदिनी : नहीं··· ।

गुरुमुख : पहले सुनो तो ?

विनोदिनी : ना ! ये नहीं होगा।

गुरुमुख : अरे थियेटर में इतना रुपया लगाया है वो सब रुपया तुम ले लो।

विनोदिनी : मुझे थियेटर चाहिए।

गुरुमुख : पच्चास हज़ार रुपया ले लो तुम। थियेटर बनाना बंद करो बस।

विनोदिनी : ये तुम पहले भी कह चुके हो कई बार।

गुरुमुख : फिरं से बोलता हूँ—पच्चास हज़ार। पूरी ज़िंदगी आराम से कटेगी—तुम्हारी।

विनोदिनी : नहीं—मुझे ऐसे रुपए नहीं चाहिए।

गुरुमुख : सोचो! और सोच लो। देखो की मेरी बात ठीक है कि नहीं। फिर बोलना।

विनोदिनी : सब सोच-समझकर कहा है।

गुरुमुख : विनोद बीबी इतने रगड़े-टंटे में पड़ने से क्या फ़ायदा?

विनोदिनी : थियेटर बनेगा, इसी शर्त पर मैं आई हूँ।

गुरुमुख : लेकिन ये कैसा काम है? मुनाफ़ा नहीं। इधर लटपट—उधर झंझट।

विनोदिनी : थियेटर नहीं पूरा हुआ तो मैं भी नहीं रहूँगी।

गुरुमुख : बाप रे बाप! ऐसी जनानी कभी नहीं देखी। जरूर दाल में कहीं काला है? राम ही जाने।

[गुरुमुख विवशता का भाव लिए जाता है। विनोद की माँ का प्रवेश]

माँ : बाप जनम में आँख से पच्चास हज़ार रुपए देखे कभी?

विनोदिनी : देखना भी नहीं मुझे।

माँ : ज़िद छोड़—ले ले रुपए।

विनोदिनी : लेकिन फिर थियेटर?

माँ : उसकी चिंता—थियेटर वाले करेंगे। वो गिरीश बाबू! अमृत बाबू! वो करें उसकी चिंता।

विनोदिनी : नहीं, ये चिंता मेरी भी है।

माँ : तू ये ज़िद छोड़ दे। समझी कि नहीं? नहीं तो तुम्हें बहुत भुगतना पड़ेगा आगे।

[बाहर से बहुत से लोगों की पदचाप सुनाई देती

है।]

माँ : कोई आ रहा है? **(झाँककर देखती है)** हाँ—वही थियेटर वाले हैं।

विनोदिनी : **(थोड़े उत्साह से)** थियेटर वाले आए हैं?—तुम भीतर जाओ माँ।

माँ : हाँ—वे लोग अब तुम्हारा माथा और भी खराब करेंगे। मुए अघोरी···मर जाते तो श्राद्ध ही करती मरों का।

[माँ का प्रस्थान। अमृत मित्र, अमृत बसु, दासु नियोगी, हरी बसु और गिरीश घोष का प्रवेश।]

अमृत मित्र : सुना है—गुरुमुख अब थियेटर पूरा नहीं करेगा। तुम्हें पचास हज़ार में फुसलाकर खुद कन्नी काट गया।

दासु नियोगी : गुरुमुख को ठीक से तुम पटाती क्यों नहीं विनोद।

अमृत बसु : तुम ठीक से कहोगी तो—तुम्हारी जरूर सुनेगा। नहीं तो फिर थियेटर का दर्द और किसके मन में है?

हरी बसु : पचास हज़ार—बड़ी रकम है—मानता हूँ। लेकिन इधर से भी सोचो—जरा···

विनोदिनी : **(गिरीश घोष के सामने आकर)** आप नहीं कहते कुछ भी···मास्टर मोशा।

गिरीश : पचास हजार की रकम बहुत बड़ी है—इसलिए तुम्हें द्रोष भी कैसे दूँ? लेकिन ये लोभ तुम रोक पातीं तो बहुत खुशी होती। विनोद···तुम रुपए ले चुकीं क्या? नहीं लिए तो···एक बार और सोच देखो।

विनोदिनी : रुपए ले चुकी मैं।

[सभी चौंक जाते हैं। विनोदिनी की नज़र सभी को बारी-बारी से देखती हुई गिरीश घोष पर टिक जाती है।]

गिरीश : ले चुकी हो?

विनोदिनी : हाँ!

अमृत मित्र : अच्छा! फिर तो अब तुम बड़ी रईस हो।

विनोदिनी : हाँ—सो तो कह सकते हैं आप।

गिरीश : उसमें से कुछ रुपए—हमें दे सकती हो? लेकिन उधार समझकर ही, मेरी जमानत पर। उसी रकम से कोई और थियेटर चलाने का जतन करेंगे हम लोग। अच्छा ब्याज दे देंगे।

विनोदिनी : ऐसी जरूरत नहीं होगी। रुपए मैंने अकेले के लिए नहीं लिये। मैं, आप, ये—सब—सभी के लिए हैं—इस थियेटर में लगाने के लिए।

गिरीश : इसका मतलब—तुमने गुरुमुख का प्रस्ताव स्वीकार नहीं किया?

विनोदिनी : नहीं।

गिरीश : ओह। बच गए हम।

विनोदिनी : लेकिन, क्या मैं बच पाई?

गिरीश : हमारी इन बातों का···कुछ बुरा तो नहीं लगा तुम्हें?

विनोदिनी : बुरा क्या लगेगा अब? बस एक बात का दुख है।

गिरीश : दुख? सो क्या?

विनोदिनी : आप लोगों को मुझ पर विश्वास नहीं। मेरा भरोसा नहीं।

गिरीश : नहीं विनोद। ऐसा नहीं देखो···

विनोदिनी : अच्छा···अब आप लोग···बहुत काम पड़ा है···

[विनोदिनी गिरीश की बात न सुनती हुई—अनमने भाव से दूसरी ओर जाती है। गिरीश आदि—चुपचाप चले जाते हैं। विनोदिनी आती है, तकिए से टेक लगाकर बैठती है, थकान और उदासी से आँखें भारी होती हैं। रोशनी कम होती है। गिरीश के स्थान पर आकर खड़े होते हैं अ-बाबू। मिलिटरी जैसी पैंट-शर्ट पहने हैं। कमर में म्यान]

विनोदिनी : आप लोग मेरा विश्वास नहीं करते।

अ-बाबू : मैं भी तुम पर विश्वास नहीं करता।

विनोदिनी : कौन?

अ-बाबू : म्याऊँ ! इतनी नींद क्यों आ रही है ?

विनोदिनी : **(चौंककर उठ बैठती है)** तुम ?

अ-बाबू : म्याऊँ / गुरुमुख को छोड़ना होगा।

विनोदिनी : सो अब नहीं हो सकता।

अ-बाबू : कितने रुपए दिए हैं उसने तुमको ? मैं चुका दूँगा उतने। ये लो दस हज़ार।

[रुपयों की थैली गिराता है]

विनोदिनी : **(गुस्से से)** उठा लो थैली अपनी।

अ-बाबू : क्यों ?

विनोदिनी : मैंने वचन दे दिया है अब उसे तोड़ना असंभव है।

अ-बाबू : और दस हज़ार दे दूँगा।

विनोदिनी : अपने रुपए उठा लो, मैं कहती हूँ।

अ-बाबू : वे रुपए तुम्हारे हैं। तुम्हीं रखो।

विनोदिनी : सुनो बाबू। मैं पैसों का व्यापार जरूर करती हूँ, पैसे मेरा व्यापार नहीं कर मकते।

अ-बाबू : अच्छा ? ऐसा ?

विनोदिनी : अभी चले जाओ तुम।

अ-बाबू : जाऊँगा—तुम्हारे टुकड़े-टुकड़े करके जाऊँगा। ये बीस हज़ार रुपए पुलिस और वकीलों के लिए बहुत होंगे।

[म्यान से तलवार खींच विनोदिनी के सिर का निशाना बनाकर आघात करता है। विनोदिनी झट से वार बचा जाती है, तलवार तकिए पर लगती है। दूसरा वार भी विनोद बचा जाती है—इस बार पलंग पर तलवार गिरती है। विनोद झट से मौका पाकर अ-बाबू का हाथ जकड़ लेती है।]

विनोदिनी : क्या करते हो ? सुनो ! काट सको तो काट डालो। फिर तुम्हारा क्या होगा ? चलो मैं एक नीच कमीन औरत हूँ—मर गई तो क्या बिगड़ेगा ? अपने खानदान की सोचो। एक हकीर स्त्री के पीछे—कलंक का बोझ उठाए दुनिया से चले

जाओगे। सुनो, थोड़ा शान्ति से काम लो।

[तलवार छोड़ अ-बाबू दोनों हाथों में मुँह छिपाए बैठे हैं। थोड़ी देर बाद]

अ-बाबू : म्याऊँ! जानती तो हो···मैं सिर्फ़ तुमसे प्यार करता हूँ।

विनोदिनी : जानती हूँ।

अ-बाबू : तुम वापस आ जाओ मेरे पास।

विनोदिनी : **(कातर भाव से)** सो अब नहीं कर सकती अ-बाबू।

अ-बाबू : क्यों? गुरुमुख?

विनोदिनी : गुरुमुख? हाँ—सो ही। लेकिन वो बाहरी बात है। असल में थियेटर ही खींचता है मुझे और कुछ नहीं। लगता है—ये ही मेरी नियति है, अ-बाबू।

अ-बाबू : म्याऊँ! हमें छलकर अपना स्वार्थ साध ही लिया तुमने।

विनोदिनी : छलकर! स्वार्थ!

अ-बाबू : थियेटर को मुझसे ज़्यादा प्यार करती थी तुम—सभी दिन···वही तुम्हारा स्वार्थ था। देखना किसी दिन ये थियेटर भी तुम्हें धोखा देगा, अपना स्वार्थ साधेगा।

विनोदिनी : ऐसा नहीं होगा। मैं जानती हूँ। लेकिन अ-बाबू—अब तुम और मत आना कभी। तुम आते हो तो बड़ी पीड़ा होती है मुझे। रात नींद नहीं आती, दिन-भर रिहर्सल। इतना नहीं सह पाऊँगी।

अ-बाबू : मैं फिर भी आऊँगा।

विनोदिनी : नहीं—मत आना। बहुत आग लगी है—मन में। अब आग को और छेड़ो नहीं बाबू।

अ-बाबू : म्याऊँ! जब तक जीऊँगा—तब तक आऊँगा। मरने पर भी आऊँगा—तुम्हारे पास।

[रोशनी बुझती है। रोशनी आती है तो—अमृत बसु अमृत मित्र, दासु नियोगी, हरी बसु और गिरीश घोष—घेरा बनाए—विचार कर रहे हैं]

अमृत बसु : गुरुमुख कहता है, थियेटर बनेगा विनोदिनी के नाम से?

अमृत मित्र : विनोदिनी थियेटर।

हरी बसु : छिः छिः। रंडी के नाम से थियेटर। कौन आएगा वहाँ? मुझसे नहीं चलेगा ऐसे थियेटर का काम-धाम।

दासु नियोगी : इसने सावित्री का अभिनय किया तो—ढाका तक पोस्टर लग गया था, देखा मैंने। विनोदिनी थियेटर के नाम से तो लोग पत्थर मारेंगे। पत्थर!

अमृत बसु : लेकिन गुरुमुख और किसी नाम पर राजी नहीं होगा।

दासु नियोगी : नाम रख सकते हैं। बी. थियेटर। बी. का माने?—बी. कौन है—कौन जानेगा? कैसे जानेगा? क्यों?

हरी बसु : खूब जानेंगे। खोद-खादकर निकाल लेंगे पूरा नाम। कलकत्तिया लोगों को अभी तक नहीं जानते तुम?

अमृत मित्र : हमारी छिलाई होगी—कहाँ काम करते हैं? तो···उस फलाँनी रंडी के थियेटर में···

दासु नियोगी : **(गिरीश घोष से)** बोलिए न कुछ आप भी।

गिरीश : तुम्हारी बात में कारण तो है—लेकिन और उपाय क्या है?

हरी बसु : उपाय निकालना होगा न?

[रोशनी बुझती है। फिर रोशनी आती है। विनोदिनी और गिरीश]

गिरीश : थियेटर का नाम पता है न?

विनोदिनी : हाँ! स्टार थियेटर। बहुत अच्छा नाम है।

गिरीश : रजिस्ट्री के दिन तक तुम यही जानती थीं कि नाम पड़ेगा बी. थियेटर।

विनोदिनी : हाँ। चलिए उसकी कोई बात नहीं।

गिरीश : तुम्हारे साथ एक छल करना पड़ा। मैं भी उस अपराध में···

विनोदिनी : ऐसा मत बोलिए। सब को जो अच्छा लगा—वही नाम रखा है। अच्छा है। इसमें छल या अपराध की कोई बात नहीं मास्टर मोशा।

गिरीश : है। सब कुछ तुम्हारे सामने—खुलासा साफ-साफ नहीं हुआ, यही अपराध है। इसलिए मेरे मन में ग्लानि है—अशांति

है।

विनोदिनी : नहीं-नहीं ! आप क्यों मन अशांत करते हैं ?

गिरीश : विनोद ! छल का जो साथ दिया…सो थियेटर के हित में ही दिया। विश्वास करो। तुम्हारे नाम से थियेटर का नुकसान होता। दर्शक आते नहीं…उससे ये छल ठीक लगा।

विनोदिनी : ठीक ही हुआ…मास्टर मोशा। मेरे नाम से लोगों के मन में घृणा पैदा होती इससे यही अच्छा है। ठीक किया आपने।

गिरीश : फिर भी मेरे मन को शांति नहीं है।

विनोदिनी : सो क्यों ?

गिरीश : क्योंकि मैं जानता हूँ कि तुमसे घृणा गलत है। ये थियेटर बनाने के लिए सबसे ज़्यादा तुम्हीं ने दिया है। कितने चरित्रों का सुंदर अभिनय किया। कितने दर्शकों को कितना रसानुभव दिया। तुम्हारे नाम से मेरे मन में घृणा नहीं होती, विनोद—सुख होता है। सुख ! फिर भी…

विनोदिनी : मेरे लिए, आपका ये कहना भी बहुत है मास्टर मोशा। थियेटर को बहुत अपना मानती हूँ। जैसे भी हो—अपना एक थियेटर तो हुआ। हम लोगों का। इसी में मेरा सुख है।

दुख बस एक ही है—बल्कि दुख नहीं—शायद डर है।

गिरीश : किसका डर ?

विनोदिनी : जिसके आरम्भ में इतना विश्वासघात और परपंच करना पड़े, उसका अंत कैसा होगा ?

गिरीश : नहीं-नहीं—ऐसा नहीं—मतलब ?

विनोदिनी : जाने दें इस बात को। मुझे अजीब-सा लग रहा है।

गिरीश : अच्छा—मैं अब चलूँगा। तुम भी आराम कर लो।

[गिरीश जाते हैं। विनोद आकर तकिए पर अधलेटी हो जाती है। आँखें बंद करती है। रोशनी धीरे-धीरे स्वप्निल वातावरण तैयार करती है। अ-बाबू आते

हैं, धीमी पदचाप। थोड़े निर्जीव जैसे। चलना और बोलना स्वाभाविक नहीं है। विनोद के सिरहाने आकर अ-बाबू खड़ा हो जाता है।]

अ-बाबू : **(धीरे–शांत कंठ से)** म्याऊँ! देखो मैं आ गया।

विनोदिनी : **(थोड़ी-सी सम्मोहित)** कौन? अ-बाबू? कब के आए हैं?

अ-बाबू : बस! अभी-अभी।

विनोदिनी : आप–फिर कैसे आए?

अ-बाबू : मैं रहने को नहीं आया म्याऊँ–जाने को ही आया हूँ।

विनोदिनी : कहाँ जाना है? अपने गाँव?

अ-बाबू : **(करुण हँसी से)** हाँ! अपने गाँव ही जाना है समझो। इसीलिए–जाने से पहले तुम्हें देखने को चला आया।

विनोदिनी : कुछ कहना है?

अ-बाबू : कहता हूँ म्याऊँ! वे लोग तुम्हें धोखा देकर अपना स्वार्थ पूरा करना चाहते हैं! उसके बाद वे तुम्हें एक दिन कूड़े के ढेर में फेंक देंगे।

विनोदिनी : नहीं-नहीं! ऐसा नहीं हो सकता।

अ-बाबू : न हो तो ही अच्छा, चलूँ! मुझे जाना होगा।

[अ-बाबू मूर्त्तिवत हाथ उठाते हैं। विनोद डर के पीछे हट जाती है।]

डरो नहीं मेरे हाथ में कुछ नहीं है। काशी का गंगाघाट याद है म्याऊँ?

विनोदिनी : याद है। वो मन्दिर, घाट। वे छोटे-छोटे दूल्हा-दुल्हन की जोड़ी।

[नेपथ्य से अस्पष्ट वही देहाती गीत]

वैसे छुटपन में मेरा भी ब्याह हुआ था।

अ-बाबू : ब्याह करने का बहुत मन है म्याऊँ?

विनोदिनी : हमारे लोगों का ब्याह नहीं होता अ-बाबू। हम वो सब सोचती भी नहीं।

अ-बाबू : म्याऊँ! फिर से काशी चलोगी?

विनोदिनी : चलूँगी।

अ-बाबू : चलो।

विनोदिनी : लेकिन मेरा थियेटर जो है?

अ-बाबू : छुट्टी ले लो।

विनोदिनी : गुरुमुख बाबू छुट्टी नहीं देंगे।

अ-बाबू : तो मैं चलता हूँ।

विनोदिनी : आप इतने कमजोर क्यों लगते हैं? बीमार थे क्या?

अ-बाबू : बीमारी खत्म हो गई अब तो। कहा था–तुम्हें मिलने आऊँगा–सो आया।

विनोदिनी : हाँ जी हाँ। क्या कहना है मुझसे आपको?

अ-बाबू : कहना है कि...मुझे तुमसे प्यार था म्याऊँ।

विनोदिनी : जानती हूँ। तब भी जानती थी। फिर भी मैं तुम्हारे संग नहीं हो पाई। मेरा यह दुख मरने के बाद भी नहीं मिटेगा।

अ-बाबू : मैंने तुम्हें बहुत प्यार किया, विनोद!

[अ-बाबू पत्थर की मूर्ति की तरह बाहर जाता है]

विनोदिनी : माँ! माँ!

[स्वाभाविक रोशनी, विनोद की माँ का प्रवेश]

माँ : क्या बात है? ऐसे क्या करती है?

विनोदिनी : माँ, ऊपर से कौन आया था?

माँ : कौन आएगा? मैं तो सीढ़ियों में बैठी थी।

विनोदिनी : अ-बाबू आए थे?

माँ : हे भगवान! वो कैसे आएगा अब?

विनोदिनी : क्यों? उन्हें क्या हुआ? वो बीमार थे, सुना!

माँ : कुछ पहले मिसिर बता रहा था–अ-बाबू मर गए।

विनोदिनी : मर गए?

[नेपथ्य से देहाती गाना स्पष्ट]

मर गए! अ-बाबू मर गए?

[विनोदिनी की आँखों में आँसू। विनोद पागलों की तरह–मंच के सामने जड़ हो जाती है, नेपथ्य से

टुकड़ा-टुकड़ा वाक्य सुनाई पड़ते हैं–

अ-बाबू : म्याऊँ–ब्याह करना चाहती हो? धर्म की कसम–तुम्हें छोड़ और किसी लड़की को नहीं लाऊँगा–ब्याह भी नहीं करूँगा–मैं तुम्हें ही प्यार करता हूँ। मैं सदा कहता रहा–तुम्हें बहुत-बहुत प्यार किया।

[अंधकार]

[मध्यान्तर]

अंक–दो

[पर्दा उठने पर आलोक वृत्त में सूत्रधार ! सूत्रधार के बोलने के बीच ही दूसरे आलोक वृत्त में गिरीश दीखते हैं]

सूत्रधार : सेठ गुरुमुख राय का थियेटर–यानी स्टार थियेटर–पहली रात को ही लोकप्रिय हो गया। लेकिन पर्दे के पीछे-पीछे विनोदिनी को लेकर ईर्ष्या-द्वेष व कलह भी बढ़ने लगा।

गिरीश : नहीं ! नहीं ! विद्वेष नहीं कह सकते शायद।

सूत्रधार : तो फिर ? बर्दाश्त की कमी !

गिरीश : एक तरह की तनातनी कह सकते हैं।

सूत्रधार : नहीं उससे कुछ ज़्यादा। अच्छा–आपको दो एक घटना याद दिलाता हूँ। जैसे···थियेटर के गलियारे में गंदगी।

गिरीश : विनोद को गंदगी सहन नहीं थी।

सूत्रधार : विनोद सफ़ाई के लिए कहती।

गिरीश : मुझसे कहा करती–मास्टर मोशा ! आप ही न थियेटर को मंदिर कहते हैं। मंदिर क्या ऐसा गंदा रख सकते हैं ?

सूत्रधार : हरी बसु ने क्या कहा। गंदगी देखते ही थियेटर के मालिक की–यानी हमारी हीरोइन का शरीर भिन्ना जाता है। दासु नियोगी के मुँह से क्या शब्द निकले–इस सब में भी अब

उसकी वो अपना नाक ठुलाएगी–हमें नहीं सुहाता–ये सब। सब टीका-टिप्पणी–पीठ पीछे। ऐसा नहीं कि, इस सबकी आँच विनोद तक बिल्कुल नहीं पहुँचती हो।

गिरीश : हाँ! विनोदिनी को स्वीकार करने में उन लोगों को हिचक थी।

सूत्रधार : सभी का महीना, तनख्वाह, कुछ-न-कुछ बढ़ाया गया–सिर्फ़ हीरोइन का नहीं बढ़ा–है न? विनोदिनी ने विरोध किया। झट टीका-टिप्पणी हुई–विनोदिनी को पैसों की चाट पड़ गई?

गिरीश : गुरुमुख से बहुत रुपए मिलते थे उसे।

सूत्रधार : इसीलिए ये उसकी थियेटर की तनख्वाह नहीं काट सकते। आप जानते हैं–इसे धरम की कमाई मानती थी विनोद।

गिरीश : हाँ–मानती थी।

सूत्रधार : कभी कभार–रिहर्सल में दो मिनट भी देरी हो तो उसे झाड़ खानी पड़ती, सबके सामने। हालाँकि दूसरे सभी हमेशा समय से आते हों–ऐसा नहीं। थियेटर के बारे में कोई भी विचार आदि के लिए–आपने उसको कभी नहीं बुलाया। हालाँकि उसने सोचा था–ये थियेटर उसका भी होगा–खूब अपना। थियेटर आने पर उसे लगता–जैसे अपने घर में आई हो।

गिरीश : हाँ ठीक। लोगों के गले नहीं उतर रही थी। अटक गई थी बस। विनोद एक तरह से थियेटर में नौकर भी थी और मालिक भी।

सूत्रधार : बल्कि उल्टा–न मालिक–न नौकर! बस! एक पतिता नौकरानी से भी हीन। इससे रत्ती-भर अधिक नहीं माना उसे आप लोगों ने–आपने भी।

गिरीश : नहीं! नहीं! ये सच नहीं। उससे ज्यादा ही माना···

सूत्रधार : क्या···माना? एहसान?

गिरीश : थियेटर मिलने का एहसान ज़रूर था। लेकिन जब···

सूत्रधार : जब एहसान लेना बेबसी हो और उसे स्वीकार करने में शर्म आए⋯तो एहसान की छाती पर विद्वेष सवार हो जाता है।

गिरीश : विद्वेष ?

सूत्रधार : कर्ता प्रबंधक ये कभी नहीं भूल पाया कि एक रंडी की कृपा से उसकी रोटी चल रही हो इसीलिए वो विनोदिनी को कभी माफ़ नहीं कर पाता था।

गिरीश : तुम ये सब कुछ एकतरफ़ा देख रहे हो जबकि⋯

सूत्रधार : एकतरफ़ा⋯अच्छा अभी ज़रा ही पहले आपने विनोदिनी को मालिक भी कहा था, न ?

गिरीश : हाँ।

सूत्रधार : बल्कि यही एकतरफ़ा है! याद कीजिए—विनोदिनी की बात दूर⋯क्या गुरुमुख तक ने आपके साथ प्रतापचाँद जैसा सलूक किया ? कभी ?

गिरीश : नहीं ! ये ठीक⋯

सूत्रधार : कभी नहीं किया। कर्ता प्रबंधक के साथ विनोदिनी का टंटा हुआ। तब भी गुरुमुख ने दखल नहीं दिया। क्यों ?

गिरीश : शायद⋯विनोदिनी उसे रोक लेती थी।

सूत्रधार : विनोदिनी गुरुमुख को ना रोकती तो क्या होता !

गिरीश : कर्ता प्रबंधक मोशा मुश्किल में पड़ जाते।

सूत्रधार : और—वो भड़का देती तो ?

गिरीश : थियेटर बंद हो जाता।

सूत्रधार : है न ? यानी सबको कसने का दाँव उसके पास था। लांछन अपमान सह तो रही थी लेकिन गुरुमुख का इस्तेमाल कभी नहीं किया—थियेटर के हित में ही तो। अपनी रुचि से भी बँधी थी। आपको ज़रूर याद होगा—गुरुमुख मालिक था—बावजूद इसके स्टार थियेटर में काम बंद करके विनोदिनी लंबे समय तक घर बैठी रही थी।

गिरीश : याद है ? जिसके लिए थियेटर बना—वही घर बैठी थी।

गुस्से में गुरुमुख–थियेटर को आग लगाने आया था।

सूत्रधार : विनोदिनी ने रोका था उसे। कर्ता प्रबंधक से जो भी झगड़ा था–वो खुद ही सुलझाना चाहती थी। गुरुमुख को बीच में नहीं लाना चाहती थी।

गिरीश : ये सब बातें ठीक हैं। लेकिन तुम नहीं समझ सकते कि–गुरुमुख के नाते से विनोदिनी जरूर प्रबंधक मोशा से ऊपर थी लेकिन–अपने पद के हिसाब से–नीचे थी। ये स्थिति बड़ी अजीब थी।

सूत्रधार : ये अजीब व्यवस्था–आप लोगों के कहने से–आप लोगों के स्वार्थ की रक्षा के लिए की गई थी।

गिरीश : इसके बिना हमें थियेटर मिलना संभव नहीं होता। लेकिन रोज़ाना के काम में गड़बड़ होती थी। तनातनी होती। फिर विनोदिनी का दिमाग भी बहुत था।

सूत्रधार : उसका दिमाग क्या बहुत ऊँचा था? वो चाहती तो थियेटर की मालकिन हो सकती थी। चाहती तो बहुतों को थियेटर से निकाल बाहर करती। शक्ति के घमंड से क्या वो बौरा गई थी?

गिरीश : नहीं। ऐसा नहीं हुआ–फिर भी···

सूत्रधार : वो भी अपना एक थियेटर चाहती थी, वो उसे मिल पाया?

गिरीश : शायद–नहीं।

सूत्रधार : निश्चय ही नहीं–विनोदिनी के लिए अपना कहने जैसी कोई चीज़ थी ही नहीं। उसकी तरफ से आपने कभी कुछ सोचा ही नहीं। बाद में कर्ता मोशा के दुर्व्यवहार से–उसको थियेटर तक छोड़ देना पड़ा।

गिरीश : ये बात ठीक नहीं है।

सूत्रधार : विनोदिनी ने अपनी आत्मकथा में ऐसा ही लिखा है।

गिरीश : थियेटर छोड़ने के उसके कई कारणों में से ये एक कारण था।

सूत्रधार : शायद सबसे बड़ा कारण।

गिरीश : सबसे बड़ा कारण कौन सा था—कहना कठिन है। उन दिनों तक एक नए सज्जन पुरुष···जिसको विनोद रांगा बाबू कहा करती थी—उसके जीवन में आ गए—उसी के साथ संसार बसाने का मन था उसका। और ठाकुर रामकृष्ण देव का प्रभाव भी, हो सकता है इसमें कुछ कारण हो।···क्योंकि···ठाकुर के स्वर्गवास के कुछ ही दिनों बाद विनोदिनी ने थियेटर छोड़ा था।

सूत्रधार : ये सभी कारण हो सकते हैं। लेकिन···

गिरीश : आह! हम लोग सारी रात बहस ही करेंगे। **(दर्शकों की तरफ़ इशारा करके)** तो ये लोग अपने-अपने घर चले जाएँगे।

सूत्रधार : हाँ। ये तो ठीक है।

गिरीश : बहस बंद करो—बल्कि सारी घटनाएँ पेश करो इनके सामने।

सूत्रधार : कर्ता मोशा से विनोदिनी के संबंध जब ऐसे हो रहे थे तभी एक दिन गुरुमुख को थियेटर छोड़ देना पड़ा।

[अन्य आलोकवृत्त में—धीरे-धीरे गुरुमुख और विनोदिनी दिखाई देते हैं। अंधकार में सूत्रधार और गिरीश के विलुप्त होते ही—गुरुमुख और विनोदिनी पर प्रकाश तेज़ हो जाता है।]

गुरुमुख : विनोद बीबी—एक समाचार है—ठीक समाचार नहीं है।

विनोदिनी : क्या समाचार है?

गुरुमुख : ये जो मेरे जाती भाई लोग—ये थेटर नहीं रखने देंगे मुझे।

विनोदिनी : क्यों?

गुरुमुख : वे सब बोले थेटर-फेटर करने से हमारा धरम बिगड़ता है।

विनोदिनी : समझाओ उनको।

गुरुमुख : नहीं सुनते। बहुत समझाया-बुझाया। बोलते-बोलते—जीभ की जूती हो गई—परंतु मेरे जाति भाई नहीं सुनते—कान में ठोपी खोंस रखी है। बहुत दिनों से खटपट चालू है। मैं भी टालता रहा, ध्यान नहीं दिया! परंतु अब तो वो

लोगों ने गड़बड़ शुरू कर दिया है। सब मिलकर पंचायत किया—मुझ को जातनिकाला कर देंगे। अछूत बना देंगे—मुझे।

विनोदिनी : तो फिर ?

गुरुमुख : ये स्टार-फिस्टार बस छोड़ना ही पड़े—मुझे तो।

विनोदिनी : थियेटर छोड़ देंगे ?

गुरुमुख : उसका अफसोस नहीं। पर थेटर छोड़ने से—तुमको भी छोड़ना पड़ेगा—असली अफसोस तो यही है। तू तो थेटर की प्रेमी हो विनोद बीबी। म्हारी प्रेमी तो हो नहीं! थेटर छोडूँगा तो भी तुम मुझे नहीं छोड़ोगी ? बोलो ?

विनोदिनी : यही तो तय हुआ था।

गुरुमुख : तय तो हुआ था। परंतु अब मैं क्या करूँ ? थेटर तो तुमको दे दिया—लेकिन समझो···क्या मुश्किल··बोलो तुम हमारी रहोगी ना ? रुपया लो। मकान हवेली कुछ भी, जँचे सो ले लो। बस तुम रहो मेरी। भोत चाहते हैं तुमको। ऐसे माफिक किसी को प्यार नहीं किया विनोद बीबी। तू मेरी हो जा। बस तू मेरी हो जा विनोद बीबी।

विनोदिनी : **(चिंतित)** थियेटर नहीं होने से कैसे चलेगा ? उसे छोड़कर मैं किसी के साथ नहीं—कुछ दिन बिल्कुल अकेली रहना चाहती हूँ।

गुरुमुख : हाँ। तुम्हारा जवाब—पहले ही मालूम था।

विनोदिनी : लेकिन—अब इस थियेटर का क्या होगा ?

गुरुमुख : आग लगा दूँगा इसको।

विनोदिनी : नहीं नहीं। इतनी मेहनत से बनाया है। मैंने भी—सिर पर माटी ढोई—बनाने में।

[पीछे पर्दे पर विनोद के माटी ढोने का दृश्य उभरकर गायब हो जाता है]

गुरुमुख : अच्छा! अच्छा! तो तुम्हीं ले लो। ये थेटर तुम्हारे वास्ते बनाया। तुम्हीं ले लो।

विनोदिनी : मैं ?

गुरुमुख : हम तुम्हीं को दे देंगे। दूसरा मालिक होने से तुमको थेटर छोड़ना पड़ेगा—नहीं तो नौकर होना पड़ेगा।

विनोदिनी : लेकिन मैं ?

गुरुमुख : हाँ। सब लिखापढ़ी करा दूँगा।

विनोदिनी : कामकाज कैसे चलाऊँगी। ये सब झंझट, झमेला ?

गुरुमुख : अच्छा—आधा हिस्सा ले लो।

विनोदिनी : बाकी आधा फिर? काम करने जाननेवाले और लोगो को देंगे ?

गुरुमुख : हाँ! पूरा-आधा—जो मर्ज़ी। ले लो।

[रोशनी बुझती है। दूसरे आलोकवृत्त में—गोल बनाकर—अमृत बसु, अमृत मित्र, दासु नियोगी, हरी बसु और गिरीश घोष]

हरी बसु : हे भगवान! मैं सोच भी नहीं सकता।

अमृत मित्र : छिः छिः, विनोद होगी थियेटर की मालिक।

दासु नियोगी : नहीं! नहीं! ये असंभव है। रंडी की चाकरी करेंगे हम लोग? ना।

अमृत मित्र : उपाय बताओ फिर।

दासु नियोगी : उपाय-तुपाय नहीं सूझता कुछ।

हरी बसु : **(गिरीश से)** आप एकदम चुप हैं ?

अमृत मित्र : हाँ। कुछ कहिए।

गिरीश : क्या कहूँ ?

अमृत बसु : कुछ राय विचार।

गिरीश : आफ़त है! आफ़त!

अमृत बसु : क्या सोचते हैं ?

गिरीश : सोचता हूँ। विनोदिनी के खून पसीने से बना ये थियेटर। इस थियेटर पर सबसे जास्ती अधिकार उसी का है और फिर, गुरुमुख मालिक है। वही जब विनोद को थियेटर देता है—उसमें बोलने को क्या है—किसी को भी ?

हरी बसु : आप गुरुमुख से भी एक कदम आगे हैं।

गिरीश : जो उचित है—वही कहा है। फिर भी मैं नहीं चाहता कि ऐसा हो।

सब : हम सब भी नहीं चाहते।

गिरीश : लेकिन—मेरा कारण, तुम्हारा कारण—बिल्कुल अलग-अलग है।

अमृत बसु : क्या कारण है आपका ?

गिरीश : विनोद को थियेटर से बहुत प्यार है। लेकिन जीवन-भर वो थियेटर करेगी या नहीं—कर सकेगी या नहीं, यह तो अब उस बाबू पर निर्भर करता है। इस बात से इस थियेटर की अनिश्चयता बढ़ेगी। और फिर ये बाबू लोग थियेटर को कुछ समझते भी नहीं। बस हरदम नाक घुसाएँगे सब कुछ में।

दासु नियोगी : इसीलिए तो हम लोग अपना थियेटर चाहते हैं।

हरी बसु : हाँ, थियेटर का भला इसी में है।

गिरीश : मैं, चाहता हूँ कि इस थियेटर को एक स्थायित्व मिले। अच्छा मैनेजमेंट हो। इसलिए जो लोग थियेटर करते हों वही उसके मालिक भी हों। लेकिन विनोदिनी को कैसे अलग करेंगे ?

हरी बसु : यही तो मुश्किल है।

अमृत मित्र : आप ही कोई तरकीब बताइए।

गिरीश : विनोदिनी का हक काटना बिल्कुल असंभव है।

दासु नियोगी : तो क्या थियेटर बर्बाद हो जाएगा ?

अमृत बसु : केवल आप बचा सकते हैं।

गिरीश : सो कैसे ?

अमृत बसु : आप विनोदिनी को समझा सकते हैं।

गिरीश : तुम समझा लो। तुम्हारे साथ उसका ठीक है। तुम विनोदिनी पर पदावली भी लिखते रहे हो।

अमृत बसु : आप को लेकर भी तो लिखा है।
गुरु गुरु और मैं दो यारों की जोड़ी

म्याऊँ के घर जाके पीवें बीयर थोड़ी-थोड़ी··
गुरु गुरु और मैं··
बीयर बस जौ का पानी—पी जावें तो फौं फौं बजती बोतल

अमृत मित्र : *जौ का पानी और बहुत—झट-झट आती बोतल*
दुश्मन भारी—तीन तिहाई कंठ उतारी—बोतल··
उठती खुलती फिर खाली होती—नहीं हमें क्यों चढ़ती बोतल?···
गुरु गुरु और मैं··
निगोड़ी नहीं हमें क्यों चढ़ती बोतल··
गुरु गुरु और मैं··
आवे जब हमारी बारी—दे दनादन बीयर खुलती··
मास्टर मोशा

अमृत बसु : *गुरु परोसे—चेला खावे··मास्टर मोशा*
भर भर थाली मीठे भात चेला खावे··मास्टर मोशा
अरे गुरुजी चेला खावे··दे दनादन
सब रस आवे—चेला पावे··मास्टर मोशा
बीयर खुलती··फौं फौं बजती, बीयर चढ़ती··मास्टर मोशा।

गिरीश : फिर अब गुरु के बदले चेला ही आगे जावे न?

अमृत बसु : आपको बहुत मानती है वो।

गिरीश : इसीलिए तो मेरा धर्म संकट और ज़्यादा है।

अमृत बसु : फिर भी—ये आपको ही समझाना पड़ेगा।

गिरीश : यानी झूठा पाठ पढ़ाना होगा। यही न? थियेटर लेना—गलत है—नुकसान का काम है—यही समझाना पड़ेगा।

अमृत मित्र : हाँ! आप कहेंगे तो विनोद झट से मान जाएगी।

गिरीश : मेरे कंधे से बंदूक चलाओगे है न?

अमृत बसु : यह क्या? आपका भी साझा होगा। नहीं?

गिरीश : नहीं अमृत! छोटे भाई अतुल को वचन दिया था—थियेटर का मालिक-वालिक कभी नहीं बनूँगा। खैर···तुम कौन-कौन मालिक बनोगे—बोलो।

हरी बसु : आप नहीं लेंगे—तो हम यही चार जने हैं।

गिरीश : अच्छा—मालिक तो मिल गए—अब पैसे? पैसे हैं—गाँठ में?

हरी बसु : पैसे—जरा बस ऐसे ही हैं।

गिरीश : पैसों का प्रबंध नहीं—यही तो?

अमृत मित्र : रकम मोटी है तो?

अमृत बसु : छोटी रकम होती तो कोई समस्या नहीं थी।

दासु नियोगी : इतनी बात बढ़ाकर पीछे हट जाएँ—सिर्फ—पैसों के लिए।

गिरीश : तो? तुम कर नहीं सकते—इससे किसी और के हाथ जाने से अच्छा है विनोद को मिले।

दासु नियोगी : ये कैसे होगा?

अमृत मित्र : ना—ये नहीं हो सकता!

अमृत बसु : पैसे किसी से जोगाड़ करते हैं।

हरी बसु : हरिधन दत्त से उधार ले सकते हैं।

गिरीश : उधार उतारेंगे कैसे?

अमृत बसु : उतर जाएगा कैसे भी। एग्जीबीशन के समय रोज़ाना शो करेंगे—कमाकर उतार देंगे।

गिरीश : उसकी हीरोइन भी तो विनोद होगी।

अमृत बसु : हाँ।

गिरीश : मछली के तेल से—मछली भूनोगे यही न?

दासु नियोगी : किसी मछली में तेल हो—तो क्या हम तेल फेंक देंगे?

गिरीश : **(चिढ़ाते हुए)** नहीं नहीं फेंकोगे कैसे? खाने के बाद काँटे-काँटे निकाल फेंकोगे।

अमृत बसु : लगता है आपके मन में शंका है।

गिरीश : मछली का जाल तो मुझे ही फेंकना होगा न? वही सोच है। जानते हो अमृत—विनोद मुझ पर पूरा भरोसा करती है।

अमृत बसु : देखा हूँ, आप···

गिरीश : मुझे समझाने की ज़रूरत नहीं, अमृत! जब फैसला किया है तो—जाऊँगा ही।

अमृत बसु : ज़रा–जल्दी जल्दी करिए न!

गिरीश : आज ही जाऊँगा।

जो भी कर रहा हूँ–थियेटर के हित में करूँगा–अपने स्वार्थ के लिए नहीं, यही संतोष।

[उठते-उठते अपने आप से]

फिर भी कितना करना चाहिए–यहीं आशंका है–मन में। मेरे सारे संशय हर लो ठाकुर!

[रोशनी बुझती है। फिर जलती है। विनोदिनी, विनोदिनी की माँ और गिरीश घोष]

माँ : तो यही ठीक है आप भी यही कहते हैं।

गिरीश : हाँ, मेरा भी यही विचार है।

माँ : थियेटर की हिस्सेदारी छोड़ना ही अच्छा?

गिरीश : हाँ! और फिर स्टार थियेटर में विनोदिनी हीरोइन रहेगी–पक्की नौकरी।

माँ : आप कहते हैं–तो ज़रूर ठीक ही होगा। हम लोग और क्या समझेंगे।

गिरीश : मान लो–थियेटर चला नहीं–कर्ज़ा हो जाएगा–तो देनदारी उतारने में घरद्वार सब बिक जाएगा।

माँ : ओ माँ! सो क्यों करेंगे? हमें क्या करना इस सत्यानासी थियेटर में हिस्सा लेकर?

गिरीश : विनोदिनी की माँ! देखो! मैं आपके भले की कह रहा हूँ। तुम मोसमात लोग कहाँ दस ठो बखेड़ा उठाते फिरोगे? कैसे करोगे? तुम लोगों को दुनिया-भर कर के लफंगा लोग चौधरी बनकर चाट जाएँगे।

माँ : हाँ हाँ! मुँझौंसा सब बुढ़ाने पर भी कैसे हबक मारने को रहते हैं–पता है। नहीं चाहिए यह सब हाँ, नहीं तो। इस सुनहरी से संतोष भला। बिन्नी को समझाइए न आप। मैं शर्बत लेकर आती हूँ आपके लिए।

[माँ का प्रस्थान]

विनोदिनी : मान लीजिए अभी ले लें—दो चार महीने नहीं चलावें थियेटर, और हिस्सा बेच दें—तो भी हज़ारों का फ़ायदा तो होगा ही होगा।

गिरीश : **(एक बार सकपका जाता है—फिर सँभलकर समझाते हुए)** हाँ, सो होगा···लेकिन···?

विनोदिनी : लेकिन वेकिन छोड़िए। जाने दीजिए—मैं नहीं लूँगी, बस।

गिरीश : तुमने खुद ही ये कहा—ये और भी अच्छा है।

विनोदिनी : मैं खुद नहीं मानती तो आप लोग मनाए बिना छोड़ते? हाँ उसमें आपको बहुत बोलना पड़ता···इतने शब्द खरचते मुझ पर। वो सब सुनने का मन नहीं था। असल बात जानती हूँ।

गिरीश : क्या असल बात! क्या?

विनोदिनी : मैं थियेटर लूँ—पूरा या साझा—ये आप लोग चाहते ही नहीं।

गिरीश : ऐसा नहीं। असल में—तुम्हें असुविधा होती।

विनोदिनी : सुविधा भी हो सकती थी। खराब पेशा छोड़कर—कहीं पैर धरने का ठिकाना होता।

गिरीश : नहीं। तुम नहीं समझोगी विनोद!

विनोदिनी : कुछ मत समझाइए मास्टर मोशा। एक बार सोचा था—लूँगी। लेकिन···स्वार्थों की गंदी नाली के कीचड़ जैसी भयानक दुर्गंध से घिन होने लगी मुझे, उबकाई होने लगी—इसीलिए तय कर लिया—नहीं लेना थियेटर मुझे। जानती हूँ—गलती कर रही हूँ। शायद जीवन-भर पछताना पड़े। फिर भी हड्डी के टुकड़े खातिर आप लोगों के साथ छीना झपटी का खेल···मुझसे नहीं होगा।

गिरीश : विनोद! ये क्या कहती हो?

विनोदिनी : मास्टर मोशा! बहुत आस थी इस थियेटर में। इसमें—अपनी मांस-मज्जा हड्डियाँ गला-गलाकर बनाया है। इसी के लिए मैंने अपने प्राणों का प्यारा पुराना प्रेम—काटकर फेंक दिया।

गिरीश : शायद—अ-बाबू की बात? लेकिन अ-बाबू ने ब्याह कर

लिया—सुनते ही तुम···

विनोदिनी : नहीं! नहीं! ब्याह कर लिया—इसका दुख रहता। दो दिन झगड़ लेती। लेकिन बाद में सुलह हो ही जाती। अ-बाबू का कहना ही ठीक था···इस कलकत्ता शहर में सभी—आनंद विहार करते हैं। अपना घर संसार भी चलाते हैं। कौन बिना ब्याह के रहता है। दो दिन रोती झींकती। फिर मना लेती अपने को मैं भी। लेकिन···

गिरीश : तुम हम लोगों की हीरोइन हो···बँधी बँधाई पक्की।

विनोदिनी : आप लोगों की कृपा होगी तो रखेंगे शायद! लेकिन मैं ही रह सकूँगी या नहीं—क्या पता?

गिरीश : क्यों?

विनोदिनी : कभी-कभी बहुत बिराग होता है। सभी कुछ से। बचे-खुचे जीवन में क्या करूँगी—कौन कह सकता है। आप नए मालिकों से एक बात कह देंगे?

गिरीश : क्या बात?

विनोदिनी : कहिएगा!···कोई जना जो भी उस थियेटर में काम करे—उसका अपमान ना हो। उसके साथ भी सलूक थोड़ा ठीक से हो।

गिरीश : जरूर! जरूर कहूँगा। मैं खुद भी ध्यान रखूँगा। थियेटर में भी भले घरों के लोग काम करते हैं। मेरा भी दायित्व है उनके सम्मान की रक्षा हो।

विनोदिनी : जो भले घरों से नहीं?

गिरीश : ऐ? ओं···हाँ हाँ—ये—ऐसा है विनोद! तुम्हें एक काम करना होगा। गुरुमुख से ज़रा कह दो···दाम थोड़ा कम लगा दे। यही दसेक हज़ार के भीतर। इससे जास्ती का जोगाड़ वो लोग कर नहीं पाएँगे।

विनोदिनी : आप जानते हैं—थियेटर बनाने में इससे बहुत ज़्यादा खर्च पड़ा था।

गिरीश : पता है। फिर भी—तुम्हें मेरी इतनी बात रखनी पड़ेगी। नहीं

तो वो लोग थियेटर नहीं ले पाएँगे। थियेटर के भले के लिए कह रहा हूँ—मेरा कोई स्वार्थ नहीं। वचन दो···गुरुमुख को तुम ज़रूर कहोगी।

[विनोद खामोश]

विनोद! वचन दो।

[विनोद थोड़ी देर ख़ामोश रहने के बाद बोलती है]

विनोदिनी : कहूँगी।

गिरीश : निश्चित हुआ। इस थियेटर में तुम्हें कभी तकलीफ नहीं होगी।

[गिरीश का प्रस्थान]

विनोदिनी : गुरुमुख मालिक थे—तभी मुझे काम बंद करके घर बैठना पड़ा था—और अब तो···

[रोशनी बुझती है। फिर रोशनी आती है—गुरुमुख और विनोद दिखते हैं]

गुरुमुख : वो चारों लोगों के नाम से रजिस्ट्री करा दिया। ये ठीक नहीं किया, विनोद बीबी। बाद में···तकलीफ़ होगी। उधर गुलामी करनी पड़ेगी।

विनोदिनी : हाँ। उन लोगों ने वचन दिया है—जो लोग थियेटर में काम करेंगे—उनको कोई असुविधा नहीं होगी।

गुरुमुख : विनोद बीबी। साँप का एक बार दाँत तोड़ दो तो सब ठीक है—नहीं तो हर दो दिन के बाद उसके मुँह में फिर से ज़हर पैदा हो ही जाएगा।

विनोदिनी : वो भाग का लेखा—मेरा। कितना दाम लगाया आख़िर?

गुरुमुख : ग्याराह हज्जार! तुम बोली थी—सो—बहुत सस्ते में दे दिया। लेकिन तुम···गलती कर दी विनोद बीबी—क्या कहूँ?

विनोदिनी : जनम समय में ही इतनी बड़ी ग़लती हो गई···अब दो चार ग़लतियों से क्या बने या बिगड़ेगा।

गुरुमुख : तुम्हें समझ नहीं पाया—ठीक-ठीक।

विनोदिनी : अक्सर मैं भी—अपने को नहीं समझ पाती ठीक-ठीक।

गुरुमुख : तुम अचम्भेदार जनानी हो, विनोद बीबी। तुम प्यार भी करो तो साला थेटर को—कोई आदमी को नहीं। ऊपर से थेटर इतना पसंद लेकिन उसका हिस्सा लेते पसंद नहीं।

विनोदिनी : मुझे अलग-थलग करना चाहते थे—वे लोग। खुद ही लेना चाहते थे। इतनी आड़ी तिरछी करने लगे थे—मुझे घिन्ना होने लगी। नहीं जानती—क्यों? केवल उनका संपत्ति का लोभ ही है कि मुझे वंचित करने में उन्हें रस मिलता है।

गुरुमुख : उनकी बात छोड़ो।

विनोदिनी : कैसे छोड़ दूँ? उन्हीं के बीच गुज़ारा करना है—दिन-रात—पूरा जीवन।

गुरुमुख : मैं आज चला जाऊँगा। फिर कभी भेंट नहीं होगी तुमसे।

विनोदिनी : इन लोगों से तुम बहुत भले हो राय जी।

गुरुमुख : अरे नहीं नहीं! रुपैया कमाई करने के लिए कितना काला करना पड़ता है।

विनोदिनी : फिर भी आप अच्छे हैं। आप सीधे हैं। बड़े टेढ़े हैं ये—भीतर ही भीतर इतने पेंच मारे! और तुमने एक थियेटर बनवा दिया।

गुरुमुख : वही! एक ही रट! थेटर थेटर!...आज हम चले जाएँगे। दोठू मीठी-मीठी बात तो कर लो। हमारे लिए कोई दुख दर्द नहीं मन में विनोद बीबी!

विनोदिनी : है। लेकिन बढ़ा-चढ़ाकर नहीं कर सकती।

गुरुमुख : विनोद बीबी! हमारे लिए तुमको कोई प्यार नहीं। बस हमीं तुमसे इतना प्यार करते हैं।

विनोदिनी : मालूम है। कभी-कभी बहुत ग्लानि भी होती है। पैसा—घरबार गाड़ी—थियेटर। ये इतना कुछ दिया मुझको। और भी देना चाहते हो...और मैं कंजूस की तरह...मजबूर—जो दिए बिना नहीं चलेगा—उतना ही देती हूँ। **(अजीब तरह से हँसती है)** सब गड़बड़ हो गया। हिसाब ही नहीं मिलता।

गुरुमुख : हाँ। हिसाब नहीं मिले तो बड़ी गड़बड़। एक बार एक

चवन्नी के चक्कर में खाता मिलानी में—सारी रात खराब हो गई। नींद उड़ गई। हाँ हाँ···। मिलेगा एक दिन सब तुम्हें। सारा हिसाब मिलेगा···कोई न कोई अच्छा मुनीम आएगा। उसे दोगी। बहुत कुछ दोगी। सारा का सारा। बेहिसाब दे दोगी।

विनोदिनी : आएगा ऐसा कोई?

गुरुमुख : ज़रूर आएगा। विनोद बीबी, तुम भली औरत हो—बहुत भली। सच। बहुत भला आदमी मिलेगा तुम्हें—इसी जीवन में। आज—कल नहीं तो परसों···मिलेगा ज़रूर।···तुमको पसन्द नहीं—हम जानते हैं।···हम तो हैं भोंदू—बेकूफ! हम से बहुत बढ़िया आदमी मिलेगा तुमको।

विनोदिनी : हो सकता है। शायद तुम्हारी बात फले।

गुरुमुख : अच्छा विनोद बीबी। अब चलता हूँ मैं।

[रोशनी बुझती है। धीरे-धीरे रोशनी फिर आती है—सूत्रधार दिखता है]

सूत्रधार : गुरुमुख चला गया। इसके बाद विनोदिनी के जीवन में तरह-तरह के लोगों का आना-जाना शुरू हुआ। ऐसा भी हुआ एक बार—वो एक अरसे तक—अकेली रही। इसी बीच कभी उसका परिचय हुआ—रांगा बाबू से। धीरे-धीरे संबंध बढ़ता गया।

[रोशनी बुझती है। रोशनी आने पर तकिए पर अधलेटी विनोदिनी किताब पढ़ रही है। विनोदिनी की माँ आती है।]

माँ : कोई सज्जन आए हैं।

विनोदिनी : कहो—चले जाएँ।

माँ : बहुत सुंदर—देखने लायक। रंग लाल टेस। धनीमानी भी लगता है।

विनोदिनी : माँ! कहा न! क्यों तंग करती हो—बेकार।

माँ : इसी उमर टोकरी लिए गोबर उठाती फिरोगी? यही तो

उमर है···

विनोदिनी : गोबर उठाने, उपले थापने में कैसा दुख है माँ ?

माँ : और भी बहुत लोग मेरे पास चक्कर लगा रहे हैं।

विनोदिनी : मैंने कहा न माँ···और किसी की गुलामी नहीं करूँगी अब···

माँ : ऐसे जीवन कैसे काटोगी ? हाड़मांस में दम रहते कर लो—नहीं तो इधर शरीर टूटेगा कि उधर भाग भी फूटेगा—हाँडी जैसे।

विनोदिनी : पता नहीं—ये सब। अभी मैं—ऐसे ही—ठीक हूँ। रिहर्सल—थियेटर···इसी सब में समय कट जाता है। थकी थकाई घर लौटती हूँ—तुम्हारे हाथ से दो मुट्ठी भात खाकर गहरी नींद सोती हूँ। एक ही झपकी में रात पूरी हो जाती है। भोर-भोर उठकर जब नहाती हूँ—तो इतनी ताजगी अनुभव होती है—खुद को बड़ा अच्छा लगता है। सारा दिन काम में खूब मन लगता है। शांति से हूँ। सिर पर से कितने आँधी तूफान निकल गए। अब आँधी तूफान से दूर—शांति से रहना चाहती हूँ।

माँ : थेटर के दो ठीकरों से सारा जीवन कैसे चलेगा ? कुत्ते-बिल्ली जैसे काटोगी बुढ़ापा ?

विनोदिनी : माँ ? कुत्ते-बिल्ली से अभी कौन सी बेहतर हूँ ?

माँ : अच्छा—तो फिर—उस लाल बाबू से क्या कहूँ ?

विनोदिनी : जाने को कहो।

माँ : **(क्षुब्ध भाव से)** अच्छा। मिसिर कहता है—इस बाबू को तुम जानती हो। थेटर में कई बार तुमसे बातचीत भी कर चुके हैं।

विनोदिनी : ओ ! रांगा बाबू तो नहीं ? ये क्यों नहीं कहा अब तक ? जाओ जल्दी भेज दो।

माँ : **(प्रसन्न होकर)** जाती हूँ। जाती हूँ।

[विनोदिनी बहुत प्रसन्न है। कुछ अस्थिर है—चहलकदमी करती है। रांगा बाबू का प्रवेश]

विनोदिनी : आप !

रांगा बाबू : तुम्हीं ने तो बुलाया था।

विनोदिनी : ज़रूर बुलाया था। आप पहले कभी आए नहीं—इधर कोई काम से आए थे क्या ?

रांगा बाबू : कहने को वैसे कहना उचित है लेकिन—असल में··नहीं··तुम्हीं से मिलने आया।

विनोदिनी : कभी-कभी—ऐसी सुमत के भरोसे ही तो जीते हैं।

रांगा बाबू : बात अच्छी करती हो।

विनोदिनी : बातों ही का खाती हूँ।

रांगा बाबू : अगला नाटक कौन-सा है ?

विनोदिनी : वृष-केतु ! ओह कितना भयानक है।

रांगा बाबू : भयानक ! कैसे ?

विनोदिनी : कर्ण और पद्मावती—अपने बेटे के सिर पर आरा चलाते हैं।

[सिहर उठती है।]

रांगा बाबू : तुम क्या बनी हो—पद्मावती ?

विनोदिनी : हाँ !

रांगा बाबू : इतना भयानक क्यों लगता है ? अभिनय है न बस !

विनोदिनी : हाँ अभिनय ही। असली जीवन कहाँ है ?

रांगा बाबू : क्यों ?

विनोदिनी : इतने छुटपन से नाटक शुरू किया था कि दोनों तरह का जीवन घुलमिल गया था। लेकिन अब लगता है दोनों बहुत अलग-अलग हैं।

रांगा बाबू : कैसे ?

विनोदिनी : थियेटर में रानी-देवी, झकाझक वेशभूषा, चकाचौंधी रूप-अलंकार—एक रंगीन कल्पना जगत् ! और इधर घर में आठों पहर इन्हीं कपड़ों में बैठना··कि वो दुनिया शून्य लगती है—एकदम झूठ। दोनों दुनिया में कोई—मेल नहीं—मिल्लत नहीं। उल्टे—दोनों में संघर्ष है। ये संघर्ष में

खींचना घसीटना मेरे निज पर बीतता है।

रांगा बाबू : अभिनय करना अच्छा नहीं लगता तुमको?

विनोदिनी : लगता है। बहुत अच्छा लगता है। दूसरा कुछ भी इतना अच्छा नहीं लगता।

रांगा बाबू : एक बात पूछूँ? मैं तुम्हारे पास आया हूँ...सो कुछ असुविधा तो नहीं।

विनोदिनी : असुविधा! मैंने ही तो बुलाया कई बार!

रांगा बाबू : तुम्हारे कोई अभिभावक—या और कोई...कोई पसंद न करे जैसा कुछ...।

विनोदिनी : इसकी चिन्ता नहीं कीजिए।

[ज़रा रुककर]

मैं अभी अकेली हूँ।

रांगा बाबू : अकेली!

[ज़रा रुककर]

धरती पर सभी अकेले हैं।

विनोदिनी : ऐसा क्यों?

रांगा बाबू : मैं भी अकेला हूँ।

विनोदिनी : अकेले! मर्द लोग भी अकेले होते होंगे?

रांगा बाबू : होते हैं। चारों ओर का समाज लोग, मान-सम्मान, धन-संपत्ति, सभी के बीच अकेला। आज ही थोड़ी देर पहले इतना अकेलापन लग रहा था।

[ख़ामोशी]

रांगा बाबू : मेरा एक बेटा है—लेकिन उससे सब कमी पूरी नहीं होती।

[रोशनी बुझती है। फिर धीरे-धीरे रोशनी आती है। विनोद और गिरीश दिखते हैं।]

गिरीश : **(स्क्रिप्ट देता है)** अच्छा विनोद—यहाँ से पढ़कर बोलो—देखूँ। पुरुष की आवाज़ में बोलो। प्रेमी पुरुष की तरह।

विनोदिनी : **(पढ़ती हुई)**

जोगी होकर भी न मिले राधाचरण

कहाँ है—राधे, राधे पद पल्लव
कहँ पाऊँ श्यामधुति मेरा प्राणधन
हुआ जोगी तऊ न पाया परम चरन

गिरीश : थोड़ा और पुरुषत्व लाना होगा। प्रेमी! प्रेमी पुरुष।···अच्छा बालक निमाई कैसा करती हो देखें? वो—गंगातट का दृश्य। वो दूसरी स्त्री का संवाद···चल, चल—शैतानी नहीं करो। भगवान विष्णु का भोग है थाल में।

विनोदिनी : **(बालक निमाई का नाटक करती है)** नहीं दोगी तो तुम्हारी चार-चार सौतिन होंगी—हाँ।

गिरीश : नहीं—नहीं बुरा मत बोल! ले—ये ले।

विनोदिनी : **(निमाई)** अच्छा—तेरे सात बेटे होंगे, सात। पाठशाला चलेगी। सुनो रे। सब सुनो! मैं विष्णु! जो कोई नैवेद्ध भोग लाया है—भोग चढ़ा दो—मैं खा लूँगा—तभी पूजा पूरी···ये ले रे! ले! सब के सब खाने के लिए नहीं है कुछ—ले ये ले—खाओ सब मस्त हो के।

गिरीश : अच्छा है। शैतानी नटखटपना और चाहिए।

विनोदिनी : **(गाती है)**
छाड़ि राधे मेरो कोऊ नाहिं ना
भरि नाम राधे-राधे, बजाऊँ बाँसिना··राधे··राधे!

[एकाएक रुककर]

नहीं! मेरे से नहीं होगा।

गिरीश : विनोद! नाटक के पहले से ये सब शुरू कर दिया—नहीं होगा—कैसे करूँ···नहीं होगा?

विनोदिनी : मुझे माफ़ी करें!

गिरीश : ये नाटक लिखते समय···तुम्हीं मेरे सामने थी।

विनोदिनी : महाप्रभु चैतन्य की भूमिका आप किसी और पुरुष को दीजिए न?

गिरीश : ना! श्री चैतन्य में, एक ही शरीर में—राधा एवं कृष्ण दोनों को दिखाना चाहता हूँ उसका मूल विषय है—प्रेम। इसके

अलावा नाच, गाना। बाललीला है। ये सब तुम्हें छोड़ और किसी के वश का नहीं। तुम्हें क्या समस्या है ?

विनोदिनी : स्टेज पर अपना परिचय महाप्रभु श्री चैतन्य करके नहीं दे पाऊँगी। मैं वेश्या जो हूँ।

गिरीश : उनका नाम लेने पर पुकारने का अधिकार तुम्हें अधिक है—वो तो पतितपावन हैं। उनका प्रेम क्या इत्ता-सा है कि कायस्थ ब्राह्मण को बाँटने में ही निचट जाएगा।

विनोदिनी : मैं पापिन! मुझे देखकर दर्शकों के मन में पाप ही आएगा। महाप्रभु की प्रेमकथा नहीं जाएगी।

गिरीश : जा की रही भावना जैसी—प्रभु मूरत देखैं वो वैसी—उसका मैं क्या कर सकता हूँ?…तो भी तुम से बताऊँ विनोद! इस नाटक में ऊँचे भक्तों संतों को बुलाऊँगा। श्री रामकृष्ण परमहंस देव को भी आमंत्रित करूँगा। सारे बुरे भाव मन से निकाल दो…अच्छा वो गीत कैसा बना है—देखें… देवो जी, भिक्षा देवो मोहे…**(गाती है)**

विनोदिनी : **(गाती है)**

भिक्षा दे दो रे बंधु, भिक्षा देवो मोहे
जोग चढ़ाया मैं तो बाल बिरागी
चहूँ दिस धाया, सार न पाया है, भिक्षा देवो मोहे…
देवो रे भिक्षा…भगति-विथा (व्यथा) है जागी
भिक्षा दे दो री मैय्या…भिक्षा देवो मोहे।

[गाने के समय गिरीश हल्के गंभीर मंत्रोच्चार स्वर में बोलता है]

गिरीश : भवति भिक्षाम् देहि…
अच्छा नाटक का अंतिम गीत! बहुत महत्त्वपूर्ण गीत है?… माँ और पत्नी को त्याग कर संन्यासी निमाई—घर छोड़कर निकल रहे हैं।

विनोदिनी : **(गाती है)**

हरि रे! मन रिझा के छुपा तू कहाँ…कहाँ हो हरी !

मैं हूँ अकेला—उथला सागर
माया अनंत चहुँ ओरी—हरी¨ हरी!
हे दीजो दीजो—मैं हूँ अकेला, दरस दीजो हरी!
प्राण सखा मोहे पायन देवो ठाय
हरिचरनन में करिया, हरिया हो जाए¨ हरि रे¨ ।
नाग नाथी कैसी बजाई बाँसी¨ मैं गृहबासी
लगाई अगन, बिरह बिथा—गहन उदासी
अनंत को धाया, भरमाया, छोड़ी घर कासी¨ हरि रे¨ ।
हृदय बिहरन कर हृदय—बिहारी¨ हरी
मन प्यासा, मीन सा तरपै तुमको—हरी¨ हरी¨
हरी रे¨ मन रिझा के¨
छुपा तू कहाँ-कहाँ हो हरी!
हरी! हरी! हरी!¨ हरी रे¨

[रोशनी बुझती है। अँधेरे में विनोदिनी के नेतृत्व में—समवेत गायन उठता है थोड़ी देर में—धीरे-धीरे मंच पर रोशनी आती है।—पीछे मंच पर अद्वैत, श्रीवास, हरिदास, निताई—मेकअप किए हुए—गीत गाते-गाते प्रवेश करते हैं—और मंच के दूसरी ओर निकल जाते हैं। रोशनी बुझती है। बाद में फिर धीरे-धीरे रोशनी आती है। दृश्य में श्री रामकृष्ण देव अपनी पूरी परिषद के साथ बैठे हैं। अभी तक वो गीत चल रहा है। रामकृष्ण मुग्ध भाव से सुन रहे हैं। गीत रुकता है। नेपथ्य से—करतल-ध्वनि, गिरीश का प्रवेश।]

गिरीश : नाटक यहाँ समाप्त होता है। ये समापन गीत था नाटक का।

रामकृष्ण : *हरि रे! मन रिझा के छुपा तू कहाँ¨*
मैं हूँ अकेला—उथला सागर
माया अनंत चहुँ ओरी—हरी¨ हरी!

[उठकर थोड़ा नाचने की भंगिमा करते हैं]

गिरीश : आपको अच्छा लगा ?

रामकृष्ण : चैतन्य कभी ख़राब हो सकते हैं ?

गिरीश : चैतन्य…ठीक हुआ।

रामकृष्ण : ठीक चैतन्य क्या एक दिन में हो सकता है जी। शुरुआत में। बालक की उमर है—अचैतन्य उमर है।

गिरीश : नाटक के अंत में ?

रामकृष्ण : अंत में तो सभी चैतन्य का आरंभ होता है।

गिरीश : वो लोग—आपको प्रणाम देने आए हैं।

[अद्वैत, श्रीवास, हरिदास, निताई। मेकअप समेत सब प्रणाम करने आते हैं। अंत में विनोदिनी आती है।]

ये है विनोद—चैतन्य देव का पार्ट इसी लड़की ने किया है।

रामकृष्ण : लड़की ! मुझे लगा—लड़का ही। बहुत बुद्धू बनाया—छकाया। हालाँकि वो सब भी एक है। चैतन्य हो जाओ तो—हरि रे मन रिझा के, छुपा तू कहाँ…कहाँ हो हरि।

[विनोद प्रणाम करती है। तभी उसकी साड़ी पर गेरुआ उत्तरीय—बालों का जूड़ा बँधा है—माथे तिलक लगा है।]

रामकृष्ण : हरि गुरु ! गुरु हरि ! बोल ना ! हरि गुरु—गुरु हरि !

विनोदिनी : **(भावावेग में)** हरि गुरु ! गुरु हरि !

रामकृष्ण : **(दोनों हाथ विनोद के सिर पर रखकर)** माँ—तुम्हारा चैतन्य हो।

[विनोद की आँखों में आँसू]

गिरीश : हमारा अगला नाटक होगा—प्रह्लाद चरित ! ये विनोद ही प्रह्लाद बनेगी। आपको आना ही होगा।

रामकृष्ण : अभी तो समय है जी ! चलें।

[विनोद के अलावा सभी जाते हैं। नेपथ्य से विनोद के अकेले कंठ से वही गीत सुन पड़ता है—रांगा बाबू का प्रवेश।]

रांगा बाबू : चैतन्य लीला का खेल हर रात को अच्छा हो रहा है। ऐसे ही डरी रही।

विनोदिनी : रात-भर पलक नहीं झपका सकी। भोर-भोर उठती गंगा स्नान करती—बारंबार दुर्गा नाम लिखती— महाप्रभु से भिक्षा माँगती—कृपा करो ठाकुर! मुझ पर दया करो।

रांगा बाबू : हर नए प्रदर्शन के साथ तुम्हारा यश फैल रहा है। सभी तुम्हें—बंगाल की सबसे श्रेष्ठ अभिनेत्री कहने लगे हैं। फिर भी तुम्हारा तनाव और आशंका कम नहीं होती। शरीर टूटा जा रहा है। प्रदर्शन के बाद अक्सर बेहोश हो जाती हो।

विनोदिनी : जाने क्या हो जाता है? शची माता को छोड़ जब निमाई विदा लेते हैं—तो इस दृश्य को देखकर औरतें फफक कर रो पड़ती थीं। इधर—मंच पर शची माता का हृदय विदारक क्रन्दन। सब मिलाकर जाने क्या हो जाता है मेरे मन को। फिर ऊपर से वो अंतिम गीत—मैं अकेला उथला सागर माया अनंत चहूँ ओरी।

ये गीत गाते हुए—बहुत पीड़ा होती है रोजाना।

मैं संसार में सचमुच अकेली हूँ। अंतिम उस गीत में पागल-सी नाचा करती हूँ। नाचते-नाचते मेरी संज्ञा सुन्न हो जाती है—होश खो जाते हैं।

रांगा बाबू : पूरे मनप्राण ढालकर भी—थोड़ी अलग रहा करो।

विनोदिनी : मंच पर जाने के बाद मुझे और कुछ ध्यान नहीं रहता। नाटक के अंत में जब लोग मेरे पैरों की धूल लेने भागे आते हैं—तो किसी तिलिस्म की तरह मेरा उन्माद टूट जाता है। भरपूर कोशिश करती हूँ लोगों को रोकने की। क्योंकि मैं वेश्या हूँ। लेकिन लोग रोके नहीं रुकते। मेरा पाप बढ़ाकर वे चले जाते हैं। हर रोज महाप्रभु को मन ही मन पुकार कर कहती हूँ—प्रभुजी! मेरे दोष चित्त न धरना! वो लोग तुम्हीं को प्रणाम करते हैं—वो सारे प्रणाम—तुम्हें ही पहुँचते हैं। बीच में तुम्हारे भेस धरे—वो प्रणाम मैं नहीं

चुराती। चुराने की सोचती भी नहीं।···अच्छा महाप्रभु बहुत बड़े हैं। यही न? मैं वेश्या—उसका रूप धरती हूँ—उसकी नकल करती हूँ—और इसी को लेकर लोग चरणधूलि लेने आते हैं! आश्चर्य! आश्चर्य!

रांगा बाबू : आज परमहंस रामकृष्ण देव जी आए थे?

विनोदिनी : हाँ। थोड़ी देर पहले उनकी चरणधूलि प्राप्त हुई।

रांगा बाबू : कैसा लगता है?

विनोदिनी : कैसा लगता है?···ठीक से नहीं कह सकती। तब कानों में वही अंतिम गीत गूँज रहा था—मैं अकेला उथला सागर माया अनंत चहुँ ओरी।

मैंने प्रणाम किया! उन्होंने मेरे सर पर हाथ धर दिया। मेरी देह भीतर तक काँप गई। लगा···मैं अकेली नहीं। मेरा भी है—सब कुछ है—छाती भर आई। उसके बाद वो चले गए और मैं—नितांत अकेली हो गई—नितांत अकेली। पहले से बहुत-बहुत अकेली। अब मैं—कैसे रहूँगी?

रांगा बाबू : आओ। मैं तुम्हें घर पहुँचा देता हूँ।

विनोदिनी : मेरी जीवन क्या सदा ऐसे ही करके बीतेगा? रांगा बाबू! एक के बाद एक नाटक! एक के बाद दूसरा रूप! वेश! नारी-पुरुष, बालक!

[रोशनी बुझती है। अंधकार में प्रह्लाद चरित्र का अंश सुन पड़ता है। प्रह्लाद विनोद बनी है और हिरण्यकश्यप बना है अमृत मित्र]

हिरण्यकश्यप : रहने दो रहने दो—शब्दाडम्बर दो मुझको—सप्रमाण उत्तर—है क्या यहाँ—हरी?

प्रह्लाद : हरी है जगंतमय यह सच है निश्चय इसमें करो न संशय।

हिरण्यकश्यप : ये स्फटिक खंभ, विद्यमान इसमें क्या हैं तेरे प्रभु भगवान?

प्रह्लाद : हाँ। हैं हरि स्तंभ में साक्षात वर्तमान।

हिरण्यकश्यप : ममता करी मारा न तुझे निज हाथ, अब जो न दिखाओ हरि स्तंभ में, कर का घातों से हरूँगा तेरे प्राण।

प्रह्लाद : पिता, ध्रुव सत्य यही—याहिं खंभ बसे हरि महान !

[इस संवाद के पूरा होते समय धीरे-धीरे रोशनी आनी शुरू हो जाती है। अब साफ रोशनी में—सपरिषद श्री रामकृष्ण देव बैठे हैं। रामकृष्ण की आँखों में आँसू। भावाकुल हो पुकार उठते हैं—प्रह्लाद ! प्रह्लाद ! गिरीश का प्रवेश।]

गिरीश : प्रह्लाद चरित्र पर लघुनाटक लिखा है। छोटा नाटक।

रामकृष्ण : उसमें क्या जी ? खीर के दूध में सभी कुछ सघन हो रहता है।

गिरीश : प्रह्लाद-चरित्र आपको कैसा लगा ?

रामकृष्ण : ये भी पूछने की बात है जी ? महाप्रसाद किसी को ख़राब लगता है—कभी ?

गिरीश : तो फिर थोड़ा और विराजिए...विवाह-विभ्राट भी देख लें।

रामकृष्ण : ना रे ! प्रह्लाद चरित्र के पश्चात—विवाह-विभ्राट ! खीर खिलाकर नीम चिरायंता पिलाओगे !

[उठते हैं। विनोद आती है।]

गिरीश : प्रह्लाद का प्रणाम स्वीकार करें।

[विनोद प्रणाम करती है।]

रामकृष्ण : जियो माँ। जियो। सब में वही है—एक-एक रूप में वही वो।

विनोदिनी : प्रभु !—मैं बड़ी पापिन।

रामकृष्ण : तुम में अब पाप, री कन्या ?
तेरा सर्वांग चैतन्य है—प्रह्लाद है।

विनोदिनी : भीतर हूँ मैं—पापिन।

रामकृष्ण : पाप नहीं जी पाप नहीं। तुम सभी हो माँ आनंदमयी। लोगों को कितनी भक्ति देती हो, कितना आनंद-रस देती हो।

[जाने को उद्यत—उन्हीं पर रोशनी का घेरा छोटा होता हुआ विनोदिनी पर केंद्रित हो जाता है। अन्य हिस्से में एक आलोक वृत्त में—गोल बनाकर अमृत

बसु, अमृत मित्र, दासु नियोगी, हरी बसु आदि दिखते हैं।]

हरी बसु : विनोद !

विनोदिनी : कहिए !

हरी बसु : काम में थोड़ा और मन लगाओ !

विनोदिनी : मैं बेमन से नहीं करती काम ! ये बात कहाँ से आई ?

अमृत बसु : हमारे पास में ही—बेंगाल थियेटर है। प्रह्लाद चरित्र हो रहा है वहाँ। श्रीराजकृष्ण राय का लिखा हुआ।

विनोदिनी : सुना है।

हरी बसु : हम से ज़्यादा चल रहा है।

विनोदिनी : उसमें—मैं क्या करूँ ?

अमृत बसु : सारा नाटक तुम्हारे पर ही तो है।

विनोदिनी : जितना हो सकता है—मैं करती हूँ और क्या करना है—बताइए—वो भी करूँगी।

हरी बसु : उसी थियेटर में भीड़ लग रही है।

विनोदिनी : सुना है। उनका नाटक बहुत प्रभावी है। पूरा नाटक है। हमारा नाटक—छोटा है। उन्होंने काफी कीर्तन भी डाल रखे हैं और फिर संड और अमर की जोड़ी है। बहुत भाँडगिरी करते हैं। सब मिलाकर—इसीलिए शायद उनके नाटक में जास्ती भीड़ होती है।

दासु नियोगी : बात इतनी ही नहीं है और भी कारण हैं—बड़ा कारण है ! उनका प्रह्लाद ! एक नई लड़की करती है। नाम है कुसुम कुमारी। लोग उसे प्रह्लादकुसी के नाम से पुकारने लगे हैं। वो गाने में तुमको मार जाती है।

विनोदिनी : ऐसा है तो मुझे हटाकर और लड़की ले आइए।

अमृत बसु : ये बात नहीं है। तुम्हीं थोड़ा और…

दासु नियोगी : मुझे समझ नहीं आता विनोद ! बोलती ऐसे हो—कि तुम्हीं इस थियेटर की मालिक हो !

विनोदिनी : आपके मालिकपने को मैंने कभी अस्वीकार नहीं किया।

दासु नियोगी : अस्वीकार नहीं किया। लेकिन व्यवहार वैसा ही होता है।

विनोदिनी : आपकी समझ का फेर है। मैं आप लोगों की नौकरी करती हूँ—ये बात मैं कभी नहीं भूलती। आप लोग भुलाने भी नहीं देते और कुछ कहना है आप लोगों को?…मैं जा सकती हूँ अब?

[गिरीश एक स्क्रिप्ट हाथ में लिए आता है]

गिरीश : विनोद है इधर? ओ…ये रही…अभिनय जगत् की राजरानी! पत्र-पत्रिका वाले तुम्हें अब—नाट्य साम्राज्ञी के अलावा कुछ कहते ही नहीं।

विनोदिनी : मुझे ढूँढ़ रहे थे?

गिरीश : हाँ। ये लो—**'निमाई-संन्यास चैतन्य लीला भाग-दो'** इसमें भी निमाई की भूमिका तुम्हीं करोगी।

[गिरीश स्क्रिप्ट बढ़ाता है, विनोद नहीं लेती]

क्या बात है? कुछ हुआ है लगता है?

विनोदिनी : अगले नाटक में—ये लोग मुझे रखेंगे या नहीं—ये उनके साथ पक्का कर लीजिए पहले।

हरी बसु : तुम्हें रखना नहीं—ऐसी बात किसी ने नहीं कही।

विनोदिनी : मास्टर मोशा ज़ानते हैं, मैं जतन में कोई कमी नहीं छोड़ती। लेकिन टिकट जास्ती बिके इसका भरोसा मैं नहीं दिला सकती।

हरी बसु : हम लोग ऐसा कोई भरोसा तुमसे नहीं चाहते।

विनोदिनी : अभी जो कहा था उसका मतलब यही होता है।

गिरीश : तुम रखो इसे। मैं देख लूँगा सब। लो।

विनोदिनी : मालिक लोग साफ़ नहीं कहें तो मैं कैसे ले लूँ?

अमृत बसु : विनोदिनी! गुस्सा मत करो। ये नाटक तुम्हें ही करना है। नाटक तुम साथ ले जाओ। थियेटर से हम सब जुड़े हैं—इसीलिए कहते हैं—बुरा नहीं मानो।

गिरीश : अभी निमाई-संन्यास हो…और ये नहीं चलेगा—तो राधा कृष्ण फिर से पकड़ूँगा। प्रभास-यक्ष।…उससे पैसा आएगा

हो।

विनोदिनी : **(गिरीश से)** मास्टर मोशा! ये लोग जब थियेटर के मालिक बने—तो आपने इनसे कहा था—देखो, भले घर के लोगों का यहाँ अपमान नहीं होना चाहिए। ये बात इनको फिर से याद दिला दें। वैसे ये पक्का है कि मैं भले घर की नहीं।

[स्क्रिप्ट लेकर विनोदिनी चलने लगती है। रोशनी बुझती है। दूसरे भाग में आलोक वृत्त में रांगा बाबू प्रतीक्षा कर रहे हैं। स्क्रिप्ट हाथ में लिए विनोदिनी उसी आलोकवृत्त में प्रवेश करती है।]

विनोदिनी : नहीं! छोड़ना पड़ेगा ये थियेटर!

रांगा बाबू : क्यों? क्या हुआ? छोड़ना क्यों पड़ेगा?

विनोदिनी : नहीं तो वो ही मुझे छुड़ाएँगे।

रांगा बाबू : ना! तुम्हारे नाम का बाजार में मूल्य है। नाट्य साम्राज्ञी को ऐसे झट से नहीं छोड़ेंगे।

विनोदिनी : ये तो और भी बुरा है। अभी मुझे और भूनेंगे वो।

रांगा बाबू : बोलने दो जो बोलते हैं। अपने को इतना राख क्यों करती हो?

विनोदिनी : **(चिढ़कर)** शरीर और मन में क्रोध नाम की चीज़ अभी बची हुई है इसलिए।

[एकाएक गुस्सा कुछ कम होता है]

अवश्य मन में कई तरह के बदलाव आए हैं। पहले होता—नई लड़की प्रह्लादकुशा को हराने की कोशिश में अभी से जुट ही जाती। लेकिन अभी वैसा करने का मन ही नहीं होता। अब तो थियेटर छोड़ने का भी मन होता है—कई बार। पहले ये सोच भी नहीं सकती थी। अच्छा थियेटर छोड़कर—जीयूँगी किसके लिए? कैसे रहूँगी?

रांगा बाबू : उसके अलावा भी—दो एक लोग तुम्हारे आस पास हैं।

विनोदिनी : अच्छा! अब ये राजा खाजा से काम नहीं चलेगा।

रांगा बाबू : फिर काहे से चलेगा?

विनोदिनी : इस बखत तो अभिनेता हो तभी काम बने।

रांगा बाबू : कैसे ?

विनोदिनी : घर बैठे—थोड़ा रिहर्सल करा सकता था।

रांगा बाबू : उतना तो मैं करवा दूँगा। बस तुम्हारे सामने ही तो।

विनोदिनी : अच्छा ? तो—मैं निमाई—और पढ़ो...

रांगा बाबू : जोगवा ?

विनोदिनी : ना।

रांगा बाबू : मधुआ।

विनोदिनी : ना—विष्णुप्रिया !

रांगा बाबू : अरे ! पहले पहल—नारी पात्र ?

विनोदिनी : जो मिला है—बहुत नहीं है क्या ? लो फिर—निमाई के घर छोड़ने का दृश्य—तुम रोती क्यों हो ? क्या ? मेरे चेहरे को क्यों देख रही हो ?

रांगा बाबू : अरे ! तुम्हारा मुँह कौन देख रहा है, मैं तो स्क्रिप्ट में देख रहा हूँ।

विनोदिनी : चलिए—तंग मत करिए।...
'छीः छीः। फिर रोने लगी। बात नहीं करोगी ? रोओ नहीं। रोने से मेरे मन को संताप होता है।'

रांगा बाबू : 'ना'

विनोदिनी : 'ना' कहती हो—लेकिन और अधिक रोए भी जा रही हो।

[स्क्रिप्ट एक तरफ रखकर]

रांगा बाबू : **(धोती की लाँग से घूँघट बनाते हुए)** 'मैं दासी हूँ नाथ !'

[दोनों हँस पड़ते हैं]

विनोदिनी : **(स्क्रिप्ट पकड़ाते हुए)** चलो-चलो मज़ाक मत करिए ना ? हाँ...
'फिर मौन हो गई। बोलो जो बोल रही थी।'

रांगा बाबू : हे प्रभु ! मेरा ये सुंदर स्वप्न क्या भंग होगा ?

विनोदिनी : प्रिय मैं तुम्हारा अपराधी !

रांगा बाबू : 'कैसी अभागिन हूँ !'

विनोदिनी : ऐसा क्यों प्रियतमे !

रांगा बाबू : युगों युगों मेरी प्यास नहीं मिटेगी।

विनोदिनी : तुम मेरी प्राणेश्वरी ! जन्मजन्मांतर के बंधन तुमसे !

रांगा बाबू : तुम क्या संन्यास ले रहे हो ?

विनोदिनी : प्रिये ! प्रेमजोगी सब दिन का,
प्रेमाधीन में–
प्रेमभार–ढोता नित सिर पर–
प्रेम प्रतीक्षा का मारा संसार में आया,
प्रेम रहित मेरा कुछ और नहीं।
प्रेम अनुरागी,
प्रेम-गृहस्थी मेरी
प्रेम ही का जोगी मैं
प्रेम ही में सर्वत्यागी
प्रेममय कहें–सब मुझे ओ !
प्रेम–जहाँ वहीं मैं।
तू प्रेममयी
प्रेमडोर बाँध मुझे
अब कैसे भय करती हो व्यर्थ ही ?
प्राणेश्वरी ! कहता हूँ सच ही,
प्रेम की डोर ये काट नहीं पाता।
विस्तीर्ण सागर, ऊँचे गिरी लाँघे, मरुभूमि लाँघी।
छाया प्रेमी के पास।
देखो–प्रेम नीर बहते हैं आँखों से सदा।
बस प्रेमी है–मेरे प्राण।

विनोदिनी : अच्छा तो अब ये दृश्य लीजिए। दोनों स्त्री का पार्ट कर दो–मैं निमाई करती हूँ।

रांगा बाबू : भरे यौवन संन्यास ले लिया क्यों कर ? नहीं तुम्हारे क्या मात-पिता तात ? कहो ?

विनोदिनी : माँ ! एकाकी हूँ मैं–और नहीं है कोई ! नाहीं मात पिता–पुत्र न भ्राता तात, दुहिता हो कि प्रणयिनी, नहीं

बंधु ! सिंधु बीच सदा बहता मैं एकाकी।

रांगा बाबू : बेटे ! भरी जवानी बौराए हो ?

विनोदिनी : माँ ! मैं हर्षित, मैं बौराया दिवानिसी जिसको मैं रोया, वो तो पलट नहीं देखें मोय। जिस हेतु बार-बार आया। जिसके प्रेम पगा हुआ मैं उदास प्राणधन कहाँ है वो, कहाँ वो मेरा⋯

[चिंतित भाव से]

एक बात सुनो।

रांगा बाबू : क्या ?

विनोदिनी : बीच बीच में बहुत भय लगता है। तुमसे।

रांगा बाबू : मुझसे ?

विनोदिनी : लगेगा ही–

सिंह जैसे अयाल,

बाघ जैसे नख,

घड़ियाल जैसे दाँत⋯

तुम्हारे नख–दाँत नहीं तभी तो डरती हूँ। जो मर्द लोग मेरे पास आते हैं–उनका मुझे पता होता है–वे क्या चाहते हैं ? अच्छा लगे या बुरा लगे, पक्का पता तो है। किन्तु रांगा बाबू क्या चाहते हैं–मैं नहीं जानती ! सच्ची !

रांगा बाबू : कुछ न चाहने में क्या नुकसान है ?

विनोदिनी : कुछ न चाहें तो मेरे पास क्यों कर आएँगे ? लेन-देन का सीधा हिसाब गड़बड़ा जाता है। अनजाना लगता है तभी भय लगता है। अविश्वास होता है।

रांगा बाबू : ठीक से देखो मुझे⋯बहुत अविश्वास होता है ? बिल्कुल अनजाना लगता हूँ ?

विनोदिनी : नहीं ! बिल्कुल बेजाने होते तो आसान था ख़त्म होना। लेकिन ऐसा भी नहीं। मैं पहचानना चाहती हूँ–पहचान नहीं पाती।⋯विश्वास करना चाहती हूँ, किन्तु–रांगा बाबू। आप मेरे पास क्यों आते हैं ?

रांगा बाबू : जो कहूँ–ऐसे ही।

विनोदिनी : ना। ऐसा नहीं होता। कोई पुरुष मेरे पास ऐसे ही नहीं आता। तुम मुझे बहुत अशांत करते हो।

रांगा बाबू : चलो—नहीं आऊँगा अब।

विनोदिनी : ना ! ना ! तुमने आना बन्द किया तो···

रांगा बाबू : तो ? क्या ?

[आगे बढ़कर विनोद को दोनों हाथों से पकड़ता है।]

विनोदिनी : तुम्हारे न आने से और भी अशान्ति होगी। क्या चाहते थे—नहीं जाना। क्या था जो बिन पाये चले गए। वो भी नहीं जान पाऊँगी।

[रोशनी बुझती है। कुछ ही क्षणों में फिर रोशनी आती है। विनोदिनी एक स्क्रिप्ट देख रही है। रांगा बाबू का प्रवेश।]

विनोदिनी : देर कर दी आने में ? मेरा रिहर्सल बन्द पड़ा है।

रांगा बाबू : इसके लिए स्टार थियेटर वालों से मुझे तनख़्वाह दिलवा दो।

विनोदिनी : कहा था न ! दासु बाबू के पैर पकड़ो मिल जाएगी नौकरी।

रांगा बाबू : कौन सा नाटक है ? बुद्धदेव चरित्र ?

विनोदिनी : हाँ मैं गोपा ! तुम सिद्धार्थ !

रांगा बाबू : ओह ! पुरुष के पार्ट से अब तक वंचित था।

विनोदिनी : मैं भी। जवान लड़कियों के कंठ से ऐसा मोटा सुर··· प्राण सूखते थे मेरे गले में कोई भाव ही नहीं आता।

रांगा बाबू : क्या मेरा गला इतना ख़राब है ? अच्छा-दिखाता हूँ।

[कंठ खखारता है]

विनोदिनी : अच्छा—यहाँ से शुरू करो।

रांगा बाबू : **[सिद्धार्थ के स्वर में]**

प्रिये ! यह सुन्दर संसार लीला
शून्य थी बस शून्यमय ताका करता पहले मैं
और फिर दिखी तुम
धारण किया तुम्हें बाहुपाश में

वह शून्य समा गया
हृदय में कहीं गहरे
कि उग आई दृष्टि नई···
नहीं, लक्ष्य शून्य नहीं यह जीवन···
जबकि नैनों से निहारता तुम्हें ही केवल।

विनोदिनी : **(गोपा)** सरस सुन्दर वदन तुम्हारा प्राणनाथ !
तृप्त हुए मेरे नैन युगल
रस-लहरी से हृदय कमल में आनन्द हिलोल।
पाया जिमि संसार सकल, मैं दासी
भिखारिन दीन्हा सब कुछ तुमने—प्राणनाथ !
फिर ये प्राणों पर मेरे डोले
कैसी छाया घोर ?

अमृत मित्र : **(सिद्धार्थ)** छाया शंका दूर करो,
मन की प्रिये तुम,
मैं तेरा और तू मेरी,
अब छाया कैसी···
केवल बिखरा आलोक
जगत् में चहुँ ओर···
क्यों भीगे,
तेरे नैनों की कोमल कोर।

विनोदिनी : **(गोपा)** प्राण नाथ जिमि सूरज बिन
नलिनी कुम्हलाये,
बाला एकाकिनी वैसे ही
बिसुरे अरू रोये···
खिल जाये देखि दिवाकर
ताप निशा का व्यापे नहीं···
व्यथा बिसराये···
भूले अभाव मुझको सब वैसे ही
प्राणों के···।

कि सुने तुम्हारे ...दो बोल छाया...छाया
छाया, सुनते ही जागी वह भीषण स्वप्न छवि...
हठात् चीत्कार...
उठती मैं जागकर—काँपती थर-थर,
पास ही तुम ! तुम्हारे दर्शनों से,
क्षण में भूलती स्वप्न-कथा विकराल,
तुम्हें अंग लगाये फिर सो जाती बाँहें डाले।
प्रभात वेला तुम्हें जगाती
टुकुर ताकती...
मुख मंडल,
मोद भरी मैं अयति उड़ती,
पंछी जैसे हवा में तैरे उषा-दर्शन को
पाँख पसारे...प्राण मेरे !

[बोलते-बोलते विनोदिनी मंच के सामने आती है। अब प्रकाश वृत्त में विनोदिनी—अमृत बसु अँधेरे में खो जाता है। गिरीश हल्की रोशनी में स्क्रिप्ट देख रहा है।]

विनोदिनी : अच्छा नहीं लगता। अब अच्छा नहीं लगता। रिहर्सल-अभिनय और बीच में—थियेटर के मालिक और दर्शक—बीच में अकेली मैं।

[गिरीश सामने आते हैं। आलोक वृत्त में विनोदिनी के पास]

गिरीश : विनोद। तबियत ठीक नहीं क्या ?

विनोदिनी : ना। ऐसा कुछ नहीं।

गिरीश : ना, ना। टालना ठीक नहीं होगा। बाद में कुछ बढ़ गया तो अपने थियेटर का क्या होगा ?

विनोदिनी : कुछ नहीं होगा। मैं जब नहीं रहूँगी तब भी कुछ नहीं रुकेगा। न थियेटर रुकेगा, ना ही बाहरी संसार। सब वैसे ही चलता रहेगा। अभी की तरह। हँसते-खेलते, नाचते-गाते।

गिरीश : तुम्हें हुआ क्या है ?

विनोदिनी : कुछ हुआ ही नहीं। एक के बाद एक नाटक करती ही जाती हूँ। कुल जमा कितना, हिसाब लगा रही थी। लगता है—पचास-साठ हुए होंगे।

गिरीश : मेरे ख़्याल से—और भी ज़्यादा।

विनोदिनी : अच्छा। आप जीवन-भर थियेटर करते रहेंगे। यही न ?

गिरीश : करता रह सकूँगा तो सौभाग्य समझूँगा अपना। अभिनय ही पूजा है—विनोद ! तुम, किस सोच में हो इतनी ?

विनोदिनी : सोच ही सोच है। आप ही तो बोले थे—सब मनुष्यों को भगवान ने बनाया—अपना कोई उद्‌देश्य पूरा करने। मेरे निमित्त से उसका कौन-सा उद्‌देश्य पूरा हो रहा है ? अँ···! मैं—वेश्या ! नाली का कीड़ा। मेरे इस घृण्य जीवन की क्या दरकार है उसे ?

गिरीश : उसकी—तो वही जानता है। हम क्या सब जानते हैं ?

विनोदिनी : लेकिन ये जानना मेरे लिए बहुत ज़रूरी है। नहीं तो जीना ही क्यों ?··· ऐसे ही चलेगा सारा जीवन ! रोज़ाना थियेटर के मालिक के साथ गिटपिट चलेगी। मैं—अधम कीट। हमेशा लोगों की घृणा कमाती रहूँगी। प्रेम नहीं, शान्ति नहीं। और···सामने है सारा पहाड़-सा जीवन !

गिरीश : प्रेम नहीं मिला ?

विनोदिनी : नहीं। वेश्या के पास लोग मज़े के लिए ही आते हैं। जो मेरे लिए सर्वस्व दे सके—मेरे पास आने में किसी बाधा को बाधा नहीं समझे···

गिरीश : ऐसा कहीं होता है ? किसी के लिए क्या तुम सब कुछ छोड़ सकती हो ? ये मान, यश, ये थियेटर, ये रुपया-पैसा।

विनोदिनी : छोड़ सकती हूँ। प्रेम मिले तो सब छोड़ दूँ।

गिरीश : सच में छोड़ सकोगी—तो वैसा प्रेम भी किसी दिन ज़रूर मिलेगा।

विनोदिनी : कब मिलेगा—कौन जाने ? लेकिन आज—अभी कैसे चलेगा ?

गिरीश : क्यों? कितने अच्छे चरित्रों का अभिनय कर रही हो। लोगों को भक्ति देती हो, आनन्द देती हो। इसी देने में शायद भगवान की इच्छा पूरी होती हो।

विनोदिनी : दूसरे शायद भक्ति पाते होंगे। आनन्द पाते होंगे—लेकिन मैं? मेरी सुख शान्ति कहाँ है? मेरा आनन्द कहाँ है?

गिरीश : इसका उत्तर मैं कैसे दूँ? मैं एक सामान्य—नटुआ हूँ।

विनोदिनी : नटुआ? नट! नट की दृष्टि से आपने भगवान और भक्तों के नाटक ज़्यादा लिखे हैं। शिव, कृष्ण, प्रह्लाद, चैतन्य देव, बुद्धदेव। आपने जीवन हमारे बीच बिताया—हमारे बारे में कुछ लिखने की बात आपके मन में कभी नहीं आई? हमारे दुख। यन्त्रणा! लांछना।—सम्मान नहीं। परिवार नहीं। प्रेम नहीं—रास्ते के कुत्ते जैसा जीवन—ये आपकी आँखों को नहीं दिखता कभी?

गिरीश : विनोद! तुमने मुझे लज्जित कर दिया। मैं इसका अधिकारी हूँ। मैं लिखूँगा विनोद। लिखूँगा। मेरा अगला नाटक होगा...एक वेश्या की कथा। इस वेश्या का एक ही प्रेमी होगा जो सर्वस्व देकर प्रेम पाना चाहेगा। आँधी-तूफ़ान, बाढ़-पानी, लोकनिन्दा—कोई बाधा उसे नहीं रोक सकेगी। मैं लिखूँगा विनोद, मुझे लिखना ही पड़ेगा। थियेटर को जो कुछ तुमने दिया, उसका कुछ दाय तो थियेटर को भी चुकाना होगा।

[रोशनी बुझती है। फिर रोशनी आने पर विनोदिनी एक स्क्रिप्ट पढ़ रही है। रांगा बाबू का प्रवेश]

रांगा बाबू : ये क्या है। नया नाटक?

विनोदिनी : ओ—आ गये आप! ...हाँ ...नया नाटक है। ...तुम्हारी राह देख रही थी।

रांगा बाबू : क्यों? रिहर्सल?

विनोदिनी : हाँ।

रांगा बाबू : किसके बारे में है—कहानी?

विनोदिनी : एक वेश्या की कहानी! उसके पास एक जना आता है। वो अपना सब कुछ दाँव पर लगा प्रेम करता है। उसी पतिता वेश्या के यहाँ पहुँचने के लिए वो—साँप, आँधी-तूफ़ान, वज्रपात कोई बाधा—नहीं मानता। नाटक का नाम बिल्व मंगल। लो—मैं हूँ चिन्तामणि तुम बनो बिल्व मंगल।

रांगा बाबू : अरे रुको! अभी अभी आया हूँ। दो एक बात करो—कुछ और।

विनोदिनी : और क्या बात करूँ? थियेटर के मालिक की? अपने भविष्य की…वो सब और नहीं सोचना चाहती…थियेटर में मैं डूब जाना चाहती हूँ।

रांगा बाबू : ये क्या? अभी उस दिन कह रही थी—थियेटर और रिहर्सल की बातों से थक गई। ऊब गई।

विनोदिनी : हाँ! वो सब सोचने का कोई अन्त नहीं। इसलिए…

रांगा बाबू : देखता हूँ आजकल बड़ी बेचैन हो।

विनोदिनी : नहीं—बेचैनी नहीं।

रांगा बाबू : बेचैन हो।

विनोदिनी : रांगा बाबू! एक चरम दिन मेरी ओर बहुत तेज़ी से चला आ रहा है। कोई पूरे के पूरा जीवन से प्यार करेगा मुझे। उस दिन का सामना करने का साहस नहीं है मुझमें। और…दिन आ गया है। —आ गया है। आ ही गया है। लेकिन मैं ही तैयार नहीं।

[हठात् स्क्रिप्ट आगे बढ़ा देती है]

लो पढ़ो।

रांगा बाबू : कहाँ से? …यहाँ से?

विनोदिनी : पता है—ठाकुर रामकृष्ण परमहंस बहुत बीमार हैं।

रांगा बाबू : हाँ— सुना है। जल्दी—श्यामपुकुर मुहल्ले में किसी भक्त के घर लाये जाने वाले हैं।

विनोदिनी : वो आयेंगे तो मैं भी जाऊँगी उन्हें देखने।

रांगा बाबू : भक्तों का पहरा है—तुम्हें अन्दर जाने ही नहीं देंगे।

विनोदिनी : अच्छा। जाने नहीं देंगे? मैं जाऊँगी ही।

रांगा बाबू : यहाँ से शुरू करता हूँ। ये देखो—रस्सी।

विनोदिनी : कहाँ? दिखाओ। ओ माँ! साँप ···अजगर।

रांगा बाबू : अजगर साँप?

विनोदिनी : ये क्या? तुम साँप को रस्सी-सा पकड़ चढ़े आये ऊपर? मुँह क्यों निहार रहे हो मेरा?

रांगा बाबू : तुम्हें देख रहा हूँ।

विनोदिनी : क्या देखते हैं?

रांगा बाबू : तुम बहुत सुन्दर हो।

विनोदिनी : नदी कैसे पार की?

रांगा बाबू : कूद पड़ा नदी में—सोचा तैर जाऊँगा—लेकिन बीच में था आँधी-तूफ़ान। लहरों की मार से साँस रुकी जा रही थी, एक लक्कड़ बहता आया तभी।

विनोदिनी : इतनी दुर्गन्ध क्यों तुम्हारी देह से?

रांगा बाबू : कहा ना? वो नहीं बता सकता। ये न पूछो।

विनोदिनी : साँप पकड़ लिया सहज ही?

रांगा बाबू : चिन्तामणि! तुम प्रेम में न्यौछावार होती कभी, तो जानती कि फिर तो साँप और रस्सी के भेद नहीं रह जाते। प्राणों का कोई मूल्य नहीं।

विनोदिनी : उन्माद में हो तुम!

रांगा बाबू : आज भी नहीं समझ सकी तो तुम प्रेमिका नहीं, किन्तु तुम हो अति सुन्दर···अति सुन्दर!

विनोदिनी : क्या अवाक् देख रहे हो?

रांगा बाबू : देख रहा हूँ कि तुम्हारी बात सच है—या झूठ। मैं अगर उन्मादी हूँ—तो क्या परिचय तुम्हें पहले नहीं मिला? तुम सोयी रहती हो—मैं सारी-सारी रात तुम्हें निहारता रहता हूँ। तुम्हारी लम्बी साँस लेने पर दसों दिशायें सूनी-सूनी लगती हैं। तुम्हारी आँखों की बूँद—मेरी छाती पर तीर-सी लगती है। इतना भी नहीं समझ पाती। मैं—उन्मादी हूँ—या नहीं?

मेरा सब कुछ बिक रहा है ऋण में? उधर झाँका तक नहीं। निन्दा ही आवरण बन गया मेरा। आज समझ सकोगी कि ये मैं सच कहता हूँ। सच चिन्तामणि! मैं उन्मादी हूँ। मैं उन्मादी हूँ। किन्तु ···तुम हो अति सुन्दर। तुम अति सुन्दर हो।

विनोदिनी : नहीं···नहीं—यहाँ तुम्हारे संवाद ज्यादा हैं। कोई सीन करते हैं—जहाँ मेरा पार्ट, मेरी बात ज्यादा हो।

[स्क्रिप्ट के पन्ने पलटती है।]

ठीक अगला दृश्य पढ़ो···नदी का किनारा—गली हुई लाश पड़ी है।

रांगा बाबू : हाँ—अच्छा। बोलो!

विनोदिनी : उफ्! अभी तक नदी रणचंडी-सी बेताल हो रही है देखो! उफ़नाती हहराती। कूदने का क्यों कर साहस हुआ? कहाँ है—कहाँ है वो लक्कड़?

रांगा बाबू : वो रहा।

विनोदिनी : ये क्या? सड़ा गला मुर्दा! देखो नहीं! मुझे सन्देह नहीं रहा अब। तुम सच में उन्मादी हो। तुम्हें घृणा नहीं, तुम्हें लज्जा नहीं, भय नहीं। साँप को रस्सी समझे तुम। लक्कड़ समझ मुर्दे से भी लिपट गये ···देखो एक दिन मैं भगवत् कथा सुनने गई थी। वही कथा याद आती है आज। मैं वेश्या हूँ, ये मन अगर मुझे न देकर हरी के चरणारविन्द में चढ़ाते—तो तुम्हारा कल्याण हो जाता और क्या कहूँ तुमसे। तुम गले मुर्दे को पकड़ काली रात में नदी पार कर आये। भय से सिहर उठती है मेरी देहकाया।

[एकाएक रुक कर]

श्यामपुकुर में ठहरे ठाकुर रामकृष्ण के वहाँ—वो मुझे प्रवेश नहीं देंगे।

रांगा बाबू : लगता तो नहीं।

विनोदिनी : क्यों? क्यों नहीं जाने देंगे?

रांगा बाबू : परमहंस बीमार हैं। कष्ट में हैं। भीड़ होने से और भी आफ़त। उस पर से तुम···

विनोदिनी : मैं—क्या ? 'बोलो ?

रांगा बाबू : तुम्हें नहीं जाने देंगे। क्योंकि—क्योंकि—तुम जानती तो हो विनोद !

विनोदिनी : मैं ख़राब हूँ! यही न? जानबूझ कर कुछ बुरा नहीं किया। मैं पैदा हुई उसी में।

रांगा बाबू : समाज ये सब नहीं समझना चाहता।

विनोदिनी : अच्छा ? परमहंस क्या इतने ग़रीब हैं—भामन कायस्थों में बँट कर खाली हो जाएँगे ? वे तो महासमुद्र हैं और मेरी ही ज़रूरत सबसे ज़्यादा है।

रांगा बाबू : समुद्र के रास्ते में वहीं तो ऊँची दीवार है। उसके उधर से हो सकता है—समुद्र उछल-उछल कर पुकार रहा हो।

विनोदिनी : बिल्कुल। सच है। तुम ये बात कैसे समझ सके रांगा बाबू ? समुद्र बुलाता है—मुझे बुला रहा है। पुकार रहा है।

[रोशनी बुझती है। विनोद के स्वर में गीत सुनाई पड़ता है—हरी रे ! फिरूँ मैं अकेली···धीरे-धीरे रोशनी आती है। गिरीश धीमे स्वर में गा रहे हैं]

गिरीश : *साध की मारी*
मोरी अँखियाँ रोवे—हरी, हरी !
दुति दीखे नाहीं
मन नहिं बिहरे अदेखे
बाधूँ कैसे प्राण हरी !
साध की मारी···

[पीछे से विनोद आती है। धीरे, विषण्ण एवं गंभीर।]

गिरीश : कौन ? विनोद ! आओ, श्यामपुकुर गई थीं तुम ठाकुर परमहंस को देखने।

विनोदिनी : बड़े भाग कि मैं चली गई !

गिरीश : किसी ने द्वार पर रोका नहीं?

विनोदिनी : रोका था। रोक नहीं पाये।

गिरीश : जाने वाले को रोक सकता है कोई?

विनोदिनी : एक नौजवान साहेब का मेक-अप करके गई। काली बाबू साथ थे। वो द्वार पर बोले–'ये नौजवान साहेब हमारे ऑफिसर हैं। ठाकुर के भक्त। बीमारी का समाचार सुनकर–देखने आये हैं।' छूट मिलते ही–अपनी छड़ी नचाती हुई अन्दर चली गयी। वो सोये थे, बहुत कष्ट में थे। मैं बोली–वही हूँ–विनोदिनी। ठाकुर बोले–"बताना नहीं होगा रे! पहचान गया। मरण काल में भी चैतन्य को नहीं पहचानूँगा तो कैसे चलेगा? खूब छकाकर आई हो न? ऐसे ही छकाते रस बाँटते-बाँटते एक दिन तुम–पहुँच जाओगी माँ!"

बीमारी और यन्त्रणा से उनका चेहरा काला पड़ गया था। उसके बीच–ठिठोली कर रहे थे। कहाँ पहुँच जाऊँगी ये पूछ नहीं पाई। कौन जाने? कब पहुँचूँगी? मेरे लिए वही अन्तिम दर्शन थे उनके। उसके कुछ ही दिनों बाद सुना···

गिरीश : काँकुर गाछी गाँव के योग उद्यान में ठाकुर की भस्मी ले जाते समय शशी महाराज की कीर्तन मण्डली ने कौन-सा गीत गाया था, जानती हो? चैतन्य-लीला का वही समापन गीत–

हरी, छुपे हो कहाँ जी, हरी
मोरे मन को रिझा के हरी
असार माया चहुँ ओरी
फिरूँ मैं अकेला–उथला सागर
देखो हे, दरस तो देवो मोहे, हरी
प्राण सखा मोहे तुम पायन देवो ठाय
हरिचरनन में सब हरिया हो जाए।

मेरा लिखा हुआ, तुम्हारा गाया हुआ ठाकुर का प्रिय गीत।

[नेपथ्य से गीत उभरता है]

विनोदिनी : कुछ पहले आप कुछ गा रहे थे ?

गिरीश : ठाकुर के देहत्याग के बाद—बार-बार मेरे मन ये ही बातें आती हैं।

[गीत]

साध की मारी, मोरी, मोरी अँखियाँ रोवें
हरी, हरी !

[गिरीश गाता है]

[विनोदिनी विमूढ़ होती है। एक कदम आगे आती है—रोशनी उस पर केन्द्रीभूत होती है। गिरीश अँधेरे में विलीन हो जाता है। दूसरी रोशनी के वृत्त में—रांगा बाबू दीखते हैं। विनोद उस तरफ़ बढ़ती है।]

विनोदिनी : रांगा बाबू ! तुम मुझसे प्यार करते हो—कहते थे नं !

राँगा बाबू : आज भी कहता हूँ। आज भी करता हूँ।

विनोदिनी : मेरे सारे आँसू पोंछकर एकदम ले जा सकते हो सदा के लिए जैसे—अपनी तरफ़ के संसार में ?

रांगा बाबू : हाँ। इसी आशा में हूँ।

विनोदिनी : आशा में—मेरी आशा में ? तुम्हें पता था—मैं आऊँगी ?

रांगा बाबू : पता था।

विनोदिनी : कैसे ?

रांगा बाबू : जीवन के सारे घाटों का पानी जब बेस्वाद हो जाये—तो मैं रहूँगा।

विनोदिनी : इतना सब पता था—मुझे छोड़ क्यों रखा था रांगा बाबू ? बाँध क्यों न लिया ?

रांगा बाबू : तब तुम्हें बुरा लगता। पहले बाँधने से तुम्हें बंधन लगता और अब मेरे बाँधे पर भी मुक्त हो। तुम ख़ुद ही बँधने आई हो।

विनोदिनी : तुम बिल्व मंगल जैसे बोल रहे हो। तुम पागल हो ? मैं

ख़राब हूँ! एक वेश्या।

रांगा बाबू : जानता हूँ—बिनो!

विनोदिनी : देखती हूँ—तुम्हारा पागलपन कब तक रहता है? तुम मुझे नीची नज़र से देखते हो। नहीं?

रांगा बाबू : ना!

विनोदिनी : अपने जैसा। अपने जैसा मनुष्य मानते हो?

रांगा बाबू : मानता हूँ, बिनो!

विनोदिनी : मेरे से ब्याह कर सकोगे? एक माला और चंदन।

रांगा बाबू : हाँ! करूँगा।

विनोदिनी : याद रहे! तुम बहुत बड़े खानदान से हो।

रांगा बाबू : इसलिए—छोटा काम नहीं कर सकता।

विनोदिनी : रांगा बाबू! मेरी सन्तान—मेरे शरीर में आना चाहती थी—बार-बार। मैंने उसका गला घोंट कर रोक दिया।

रांगा बाबू : बिन्नो! जिस पर तुम्हारा इतना मन है—इतना आदर है—उसे आने दो। रोक हटा लो विनोद।

विनोदिनी : वो होगी, बड़ी प्यारी और बड़ी दुखी।

रांगा बाबू : दुख की संतान! क्यों?

विनोदिनी : वो वेश्या की सन्तान जो होगी। समाज में उसका कोई स्थान नहीं।

रांगा बाबू : तुम मेरी होगी तो, वो संतान भी मेरी अपनी होगी।

विनोदिनी : मैं थियेटर छोड़ दूँ, तो तुम मेरा सूनापन भर सकोगे?

रांगा बाबू : हाँ।

विनोदिनी : तो फिर ले लो मुझे रांगा बाबू। अपनी तरफ ले लो।

रांगा बाबू : आओ!

विनोदिनी : **(बढ़ती है, एकाएक रुककर)** एक बात!

रांगा बाबू : कहो।

विनोदिनी : तुम मुझे कभी पैसे नहीं दोगे। पैसे मैं नहीं लूँगी।

रांगा बाबू : ठीक है। जैसा कहो। तुम्हें कोई कमी नहीं होगी।

[रोशनी विनोदिनी पर केन्द्रित होती है। रांगा बाबू

अँधेरे में खो जाते हैं। विनोद सिर घुमाकर पीछे देखती है। उधर कई कदम बढ़ाती है। उधर दूसरे आलोक वृत्त में गिरीश घोष दीखते हैं।]

गिरीश : जो सुना, वो सच है?

विनोदिनी : हाँ, मैंने थियेटर छोड़ दिया।

गिरीश : एकाएक, फ़ैसला कर लिया?

विनोदिनी : हाँ।

गिरीश : इतना नाम छोड़कर चली जाओगी? लोग तुम्हें नाट्य साम्राज्ञी कहते हैं।

विनोदिनी : भीतर तो भिखारिन हूँ।

गिरीश : अभी इतनी छोटी उमर है। अभी बस आरंभ हुआ है। अभी छोड़ भी दोगी? किसी पर गुस्सा है जो छोड़ रही हो?

विनोदिनी : शायद–हो?

गिरीश : जानता हूँ। इस थियेटर की असली मालिक तुम्हीं हो। किंतु कानूनी तौर पर दूसरे लोग मालिक हैं। और?

विनोदिनी : और मैं उनकी नौकर।

गिरीश : नहीं, ऐसा नहीं है।

विनोदिनी : ऐसा है। ऐसा न हो तो भी, दो मालिक हों, तो अशांति होती ही है।

गिरीश : क्या मैं कोई समझौता नहीं करा सकता?

विनोदिनी : ये समझौता होने का नहीं।

गिरीश : लोग समझते हैं, बिल्व मंगल नाटक में दूसरा रोल गंगा का है, जो बड़ा है और अच्छा है, इसी से तुम चिढ़ गई हो।

विनोदिनी : लोग बोलें जो बोलना चाहें, आप न बोलें, मास्टर मोशा!

गिरीश : तुम कहीं और काम करोगी?

विनोदिनी : ना! कहीं नहीं।

गिरीश : तुम्हें थियेटर से इतना प्यार था।

विनोदिनी : आज भी है। छोड़ते हुए बहुत पीड़ा हो रही है। ये नाड़ी नाल का संबंध है।

गिरीश : तो फिर ?

विनोदिनी : शायद इससे कहीं गहरे प्यार की जरूरत है मुझे।

गिरीश : कहाँ पहुँचना है ? इतना जान गई ?

विनोदिनी : पूरा नहीं··· लेकिन निकले बिना तो कभी नहीं पहुँचूँगी। पाना तो मुझे होगा ही।

गिरीश : तुम ज़रूर पाओगी।

विनोदिनी : यही आशीष दें मुझे मास्टर मोशा।

गिरीश : मुझ जैसे शराबी, नशेड़ी, चरित्रहीन भी जिसका आशीष पाने से मुक्त हो जाते हैं, उन ठाकुर परमहंस··· का आशीष तुम पा चुकी हो।

[विनोदिनी सिर झुकाकर हाथ जोड़ती है। गिरीश आशीर्वाद का हाथ उठाते हैं। विनोद धीरे-धीरे मंच से सभागार में उतरती है। दर्शकों के बीच से बाहर जाती है। गिरीश मंच पर खड़े देखते रहते हैं। नेपथ्य से–कुछ टुकड़े टुकड़े शब्द और गीत सुनाई पड़ते हैं।]

··· हरी रे ! मन को रीझा के···
म्याऊँ ! वो भी तुम्हें धोखा देकर अपना
स्वार्थ साधेंगे। अब मुझे संदेह नहीं।
तुम सच में उन्मादी हो। तुम
मेरी होओगी तो-वो संतान भी मेरी
अपनी होगी।···
हरी गुरु गुरु हरी···
माँ तुम्हारा चैतन्य होवे।
हे-हरी इस खंभ के वर्तमान
मैं प्रेम योगिनी सदा···
प्राण नाथ ! फिर आत्मा
में ये छाया कैसी ?
ओह ··· अब भी नदी, रणचण्डी-सी

बेताली उफनाती है।
आनंद सिंधु··· में सदा बहता
जिसके प्रेम में हुआ उदास
वो कहाँ-कहाँ ?

[पर्दा गिरता है]

●●●